Sucesso é... Superar encrencas!

Caro leitor,

Queremos saber sua opinião sobre nossos livros. Após sua leitura, acesse nosso site (www.editoragente.com.br), cadastre-se e contribua com sugestões, críticas e elogios.

Boa leitura!

Wang Chi Hsin

Sucesso é... Superar encrencas!

As turbulências são oportunidades
para quem quer crescer nos negócios

Gerente Editorial
Eduardo Viegas Meirelles Villela

Editor-Assistente
Cláudia Elissa Rondelli

Editor de Desenvolvimento de Texto
Juliana Nogueira Luiz

Controle de Produção
Elaine Cristina Ferreira de Lima

Preparação
Tuca Faria

Projeto Gráfico e Editoração
ERJ Composição Editorial

Fotos de capa
Dmitry Melnikov/Shutterstock

Capa
A&Mdesign

Impressão
Arvato do Brasil Gráfica

Copyright © 2010 Wang Chi Hsin.
Todos os direitos desta edição
são reservados à Editora Gente.
Rua Pedro Soares de Almeida, 114
São Paulo, SP — CEP 05029-030
Telefone: (11) 3670-2500
Site: http://www.editoragente.com.br
E-mail: gente@editoragente.com.br

Dados Internacionais de Catalogação na Publicação (CIP)
(Câmara Brasileira do Livro, SP, Brasil)

Hsin, Wang Chi
    Sucesso é -- : superar encrencas! : as turbulências são oportunidades para quem
quer crescer nos negócios / Wang Chi Hsin. -- São Paulo : Editora Gente, 2010.

Bibliografia.
ISBN 978-85-7312-691-4

1. Decisões 2. Empresas - Brasil - História 3. Executivos - Atitudes
4. Planejamento empresarial 5. Sucesso em negócios I. Título.

10-01900   CDD-658.42108

Índices para catálogo sistemático:

1. Dirigentes de empresas : Depoimentos : Administração de empresas   658.42108
2. Empresários em negócios : Depoimentos : Administração de empresas 658.42108

Agradecimentos

Dizem que na vida, para ter mais sucesso e felicidade, precisamos plantar árvores, ter filhos, jogar golfe, conhecer pessoas interessantes... e escrever um livro.

Estou nessa busca permanente. Árvores, felizmente, já as plantei em um grande número, hoje trato de cuidá-las para que cresçam. Filhas, tenho duas que me dão preocupação, mas também muito amor e alegria. Golfe, tenho meus altos e baixos, porém nunca fiquei arrasado pelos maus resultados eventuais, continuo buscando superação a cada jogo. Pessoas, tenho aquelas que passaram por testes árduos ao meu lado e continuam caminhando comigo, apoiando-me com carinho e amizade... E, finalmente, o desafio de escrever este livro e torná-lo um best-seller. Meu desejo é transmitir ao maior número possível de pessoas experiências e orientações simples e objetivas, que poderão contribuir para uma gestão melhor das empresas, assim como para a realização profissional dos leitores.

Escrever este livro foi desafiante, tive de repensar vários conceitos pessoais e profissionais antes de colocá-los no papel, inúmeros dias de reflexão, porém, certamente um projeto muito, muito gratificante. Dessa forma, não sinto a necessidade de agradecer a alguém em particular pelo livro. Entretanto, nesse caminho, constatei que preciso agradecer a várias pessoas não por este livro, mas por fazerem parte da minha vida, por me agregarem valiosos ingredientes e ensinamentos ao longo dos vários capítulos da minha vida, alguns deles utilizados neste livro.

Meu reconhecimento e gratidão a:

- minha mãe, que sempre me lembra a olhar o outro lado, o lado generoso dos atos e das pessoas;

- Sophia, que conversa comigo, com paciência e sabedoria, nas horas muito difíceis;

- Liv, que me traz de volta o lado racional e a civilidade;

- Renata, que me aceitou e me abraçou sem questionamento.

E àquelas pessoas muito interessantes e especiais, que tive a felicidade e o privilégio de conhecer, bem como desfrutar do seu convívio, que me aceitaram pelos meus méritos, independentemente dos defeitos, nunca se preocupando com meus apontamentos cadastrais:

- Andrea e Flávio Ferreira, amigos e compadres no sentido profundo;

- Edson Hong, um amigo fraternal, por sempre se preocupar comigo;

- Gilberto Benevides, um amigo certo para vários momentos incertos;

- Mariangela e Olavo Francisco, pela amizade em todas as horas;

- Milton Kakumoto, um amigo sempre atento para ouvir e pronto a apoiar;

- Nelson Reis, um amigo quase perfeito;

- Nucci e Sergio, amigos generosos que sempre me apoiaram com um sim incondicional;

- Paulo Giovanni, um amigo com quem nunca deixo de aprender;

- Roberto Garcia, um amigo sempre disposto a me questionar;

- Wanda e Nogueira, pelos primeiros ensinamentos sociais e profissionais e pela amizade duradoura.

Essa é a melhor hora para o seu sucesso pessoal e profissional!

Com 25 anos de idade, dei início à implantação da subsidiária da Epson no Brasil, a operação brasileira de um dos maiores grupos mundiais na área de tecnologia – que se tornou uma reconhecida história de sucesso –, e fui seu primeiro *country manager*. Ao longo de minha carreira executiva e empresarial, tornei-me especialista em superar desafios e obstáculos, de forma prática e realística.

Apresentação

RETRIBUO-LHE COM UM MILHÃO DE VOTOS DE CONFIANÇA!!!

A frase, do poeta cubano José Martí, é bem conhecida: "Todo homem, para ser completo, deveria ter um filho, plantar uma árvore e escrever um livro". Contando nos dedos, já posso me considerar um homem realizado. Tenho a felicidade de ser pai de duas maravilhosas filhas e plantei centenas de árvores. Livro? Dediquei-me a dois: o primeiro, mais biográfico, foi uma versão que optei por manter no arquivo pessoal; este, meu segundo, motivacional e de gestão, é o que chega às suas mãos. Não imaginava que colocar as próprias experiências no papel exigisse um mergulho tão profundo na mente ou proporcionasse tamanha reflexão sobre nossos valores.

A minha primeira tentativa de registrar minha experiência de vida resultou em um apanhado de fatos e acontecimentos que acabaram resvalando para a órbita pessoal e íntima. Essa, parece-me, é uma armadilha comum aos marinheiros de primeira viagem. O resultado dessa investida pode até ter ampliado a minha compreensão e me tranquilizado sobre determinados fatos pelos quais passei, mas entendi que esses relatos pouco interessariam a quem não pertencesse ao meu círculo íntimo.

No entanto, a segunda tentativa, esta que você, caro leitor, tem agora em mãos, é uma obra bem diversa daquela. Aqui transcrevo as minhas quase três décadas de uma movimentada vida empresarial. Movimentada e feliz. Fui afortunado o suficiente para experimentar as mais diversas oportunidades, os mais instigantes desafios, com muita persistência. E foi o desejo de compartilhar experiências tão ricas e densas o grande inspirador deste livro.

Não foi um trabalho simples, mas certamente muito gratificante. Refletir sobre a maneira como tomamos decisões, o modo como lidamos com nossas ansiedades, dúvidas e medos na nossa vida empresarial parece exigir um certo distanciamento da realidade, das exigências do dia a dia empresarial, quase como um retiro de silêncio. E como considero que ainda não chegou o momento de me brindar com um ano sabático para escrever minhas memórias, materializar este livro me exigiu esforço e tenacidade para conciliar as exigências profissionais com os dotes, até aqui desconhecidos para mim, de escritor.

Tomo a liberdade de sugerir ao meu leitor que empenhe energia e determinação semelhantes para colocar em prática algumas das sugestões de gestão e empreendedorismo que faço neste volume. Pensando bem, talvez esteja aqui, neste parágrafo, o meu melhor conselho para os homens de negócios: coloquem em prática o esforço, não desistam nunca, deem a si mesmos um milhão de votos de confiança, invistam sua energia nos seus próprios sonhos. Não desistam! Com um coração e uma mente fortes, não há problema, imbróglio ou encrenca que resista. É sucesso na certa.

WANG CHI HSIN

Sumário

Introdução O que é ter sucesso? 1

Capítulo 1 Crises são naturais. Basta estar vivo para
passar por elas 7

Sem os conflitos, nós não conseguimos crescer 8

Por temerem-se as turbulências, o dinheiro é escondido debaixo
do colchão 8

A diferença entre quem tem e quem precisa ter 10

O que vale mais na hora do vale-tudo 11

É hora de se dedicar de verdade 12

Que tal escalar o Everest? 13

Capítulo 2 Você e as oportunidades 15

O capitão do barco sumiu? Sua chance de agarrar o leme! 16

Nada de ficar procurando culpados 17

Você é do tipo "deixa comigo, deixa comigo"? 18

Observe com um olhar clínico as pessoas... Faça a leitura do
ambiente: quem está realmente do seu lado? 19

Panela de pressão 20

Sai o medo. Entra a coragem 21

Um velório na firma 23

Capítulo 3 A crise e sua equipe...23

Um velório na firma 23

Ladrões de entusiasmo 24

Uma liga da justiça vale mais do que um super-homem...................25

Tempo de garimpar 26

We are the champions..27

Erros podem mostrar que as coisas estão melhorando.....................29

Preserve a memória da companhia 29

Capítulo 4 A crise e sua empresa...31

Conhecendo bem a engrenagem 33

Uma experiência com *hedge*...33

Uma empresa tem de ser enxuta e redondinha............................35

E como saber se a empresa está enxuta e redondinha? 35

Olho na folha de pagamento!..37

Não é a hora para o marketing 38

O problema é de todos..38

O equilíbrio delicado da moeda...39

Treine seu jogo de cintura..40

Receber, comprar, pagar..42

A arte de gerir o estoque 43

Calote? Nem pensar!..44

Capítulo 5 Identifique sua crise 47

Fique atento a sua fatia...48

...mas não se esqueça de vigiar o bolo 49

Quem estabelece o ritmo é o nível de emprego 49

Setores que afetam à todos...50

Mas todos precisam de dinheiro!!!.. 51

Manda quem pode... 52

De olho no seu quintal 53

Capítulo 6 Ter informação é fundamental. Mas é preciso separar o que é verdade do que não é... 57

Os marcianos estão chegando... 58

Todo mundo precisa de um jornalista confiável.................................. 58

Em terra de cego, quem lê e desconfia é rei 59

Quem resiste a um carinho?... 60

Amigos no Palácio 62

Capítulo 7 Sem um *networking* eficaz ninguém vai longe 65

Reserve seu tempo para atividades "improdutivas"............................ 65

"Estive em Paris e me lembrei de você".. 67

"Luís me pediu um favor..." 68

Os amigos dos amigos 69

Um falso amigo.. 69

Pintura nova 71

Gatos no telhado.. 73

Capítulo 8 Ouça todo mundo, mas decida sozinho 75

Grandes empresas também precisam de carinho................................ 76

O olho do líder 77

"Ler o contrato? Para quê?".. 78

Parente é serpente.. 79

Gestores *versus* empreendedores 80

É preciso botar a mão no bolso 81

Um cemitério no caminho..82

Negociar, negociar, negociar...84

Capítulo 9   A hora da faxina..87

Um lorde inglês não vende esmalte..88

Sempre há alguém a quem prestar contas...................................90

Não abra mão da experiência..91

Negócios e coração batem em ritmos diferentes........................92

Será que eu quero essa empresa?..93

Capítulo 10   Você fez tudo direitinho, mas... onde está a solução?.....95

O mercado aprecia a honestidade..96

Uma questão de atitude...96

Os devedores ainda têm um sistema jurídico a seu favor..................98

A hora dos remédios sutis...99

Cortar o cafezinho?..101

Ou cortar o jatinho?...101

Capítulo 11   Você merece um milhão de votos de confiança............105

A solução dada pelo mercado pode não ser a sua...........................106

Voar sem tirar os pés do chão...107

Troque seus chaveiros por caixas de papelão.............................108

Conheça quem está pior do que você...110

No final, tudo depende do cenário..111

Capítulo 12   Fuja desses erros...113

Politicagem? Só nos tempos de calmaria.....................................114

A vaidade é um animal perigoso...115

Quem se finge de morto está morto 115

A dança das salsichas 117

Se você for bom, o mercado vai saber 118

Conclusão   A receita para o sucesso está ao alcance de todos 121

Guia de consulta rápida 123

Introdução

O que é ter sucesso?

Dois amigos que não se viam fazia muitos anos se reencontraram por acaso. Um perguntou ao outro: "O que tem feito, meu caro?". O outro prontamente respondeu: "Sucesso, muito sucesso!".

Certa vez, um amigo narrou para mim um diálogo que presenciara entre um antigo e experiente político da Bahia, hoje falecido, e uma jornalista que o entrevistava. A jornalista queria saber o que, afinal, havia de tão mágico na política para que as pessoas investissem tanta energia para conquistar o poder. A velha raposa, consolidada em sua longa atuação de décadas de enorme influência na política nacional, tomou a mão da jornalista e, com seus cabelos e bigode brancos, respondeu:

— Minha filha, imagine passar sua vida sem ter que girar uma única maçaneta. Você estende a mão e aparece alguém correndo para abrir-lhe a porta. Essa é uma das facetas do poder. E como é gostoso desfrutá-lo...

Nasci em 1958, em Kaohsiung, cidade portuária situada no sudoeste da ilha de Taiwan, e, como imigrante, cheguei ao Brasil aos 8 anos de idade, bem no dia de meu aniversário. Sou brasileiro ou paulistano por opção, nada tenho de baiano, somente alguns diletos amigos. Minha barba é um tanto rala, bem como o bigode, e sempre me mantive distante da política — embora adorasse a atuação e o reconhecimento por trás dos bastidores. Mas eu também, por muitos anos, nunca precisei tocar uma maçaneta para abrir uma porta.

Aos 25 anos, quando iniciei de fato minha vida profissional, eu já era o gestor e dirigente de uma reconhecida multinacional, a Epson. Quantos teriam tal privilégio: dirigir e ser responsável pelo início e destino da subsidiária de uma multinacional aos 25 anos? Uma multinacional cuja história teve início em 1881 e, em 2003, à época de minha saída, contava com mais de 40 mil funcionários pelo mundo. Eu me sentia um predestinado, o dono absoluto da verdade e da razão, numa indústria de tecnologia de ponta que ainda tinha tudo por fazer. Nascera presidente. Era intocável, não sentia dor; se me cortassem, eu não sangraria. Tinha quebrado todos os paradigmas da evolução empresarial; não necessitava galgar, vindo de baixo, os degraus corporativos. Eu já estava pronto, bastava negociar e definir os objetivos da corporação e concretizar seus resultados. Afinal, as portas sempre se abriam, como num passe de mágica. Eu era uma pessoa coberta de prestígio, de poder. E era bajulado pelo dom que tinha de enriquecer aqueles a quem designasse como representante da empresa que eu dirigia.

Quando se é presidente, sempre surge alguém para girar a maçaneta em nosso lugar, e, com um sorriso, ajudar-nos a carregar a pasta ou retirar nossa mala na esteira do aeroporto. Em todo lugar a que o presidente vai, a cadeira do centro está disponível a sua espera. As reuniões importantes não chegam a uma conclusão definitiva sem sua anuência. Por mais que as pessoas tenham conversado, debatido e recebido absoluta autonomia, elas sabem que tudo aquilo só será mesmo para valer se o presidente estiver presente e ratificar as decisões. Ele nem precisa dizer nada, basta estar ali. Tudo isso, claro, mexe profundamente até com a mais equilibrada das cabeças. O ego infla, e o profissional se distancia da realidade do cotidiano.

Um dia, em setembro de 2002, na reflexão solitária após uma cirurgia de remoção de tiroide decorrente de nódulos malignos, depois de ter construído uma história reconhecida de sucesso, concluí que queria estar mais presente para minhas duas filhas e dar vazão a minhas energias de empreendedor. Assim, após vinte anos e outros longos meses de introspecção, era chegado o momento de buscar outros desafios e sair daquela zona de extremo conforto na qual poderia ter me mantido até os 68 anos de idade.

Eu tinha certeza de que havia vida além das fronteiras de meu escritório, e meu irrequieto espírito arrojado me induzia a ir buscá-la. Meu DNA é o de um empreendedor, eu precisava produzir minhas próprias regras e meus objetivos e criar mais oportunidades, empregos e riquezas. Arriscar e ganhar. Ver minhas ideias se materializando. Um estimado e admirado amigo,

Introdução

a quem confidenciei minha decisão à época, me disse: "Wang, agora você vai conhecer todas as maçanetas de seu caminho e aprenderá a usá-las". Ele tinha toda a razão.

A partir do dia de minha resignação, fui descobrindo, pouco a pouco, que presidentes também eram pessoas comuns, que sangravam e sentiam muita dor.

Nos sete anos seguintes, vivi altos e baixos. A consistência do sucesso do executivo de multinacional não era mais minha realidade. Ganhei dinheiro em algumas oportunidades, em outras recebi menos do que esperava e, confesso, houve momentos em que erros de julgamento, teimosia e até excesso de conforto por falta de suficiente garra trouxeram-me prejuízos significativos, que repercutiram fortemente sobre minha situação econômica e, acredito, chegaram a atingir minha vida afetiva.

Hoje, mais de dois anos após o término de meu casamento, ainda busco consertar os erros empresariais cometidos, assim como fortalecer meu lado espiritual. Deixei de tomar várias decisões que deveria ter tomado, ou as tomei de forma incorreta. Errei e aprendi com meus muitos erros; aliás, não imaginava ser capaz de cometê-los com tanta abundância. Tecnicamente falando, posso considerar que houve um momento em que quebrei financeiramente. Por sorte, sob o ponto de vista econômico, os acertos minimizaram e superaram os erros, e bens foram mantidos, embora, em alguns momentos, sem a liquidez necessária.

O cômputo final hoje é bastante positivo. Tudo isso resultou numa pessoa mais sensível e madura, que aprendeu a ouvir melhor os semelhantes, e, do ponto de vista financeiro, mais uma vez em rota ascendente. Sou hoje, sem dúvida, um empresário mais pragmático, porém mais humano. Mais seguro para atuar individualmente e com firmeza para descartar oportunidades que seriam "o canto do cisne" em outras situações. Dizem que uma pessoa de valor se levanta após a queda, sem alienar sua alma e seus princípios. Ficar caído, lamentando-se e culpando os outros, não tem nenhuma utilidade. O que aprendi de mais precioso foi como me reerguer de maneira digna, preservando minha reputação e o respeito dos outros.

Tive de enfrentar muita sangria, passei por dores que achei que não conseguiria suportar. Descobri o sentido da palavra "humildade" e a não olhar de cima para baixo, mas também para os lados e de baixo para cima. Aprendi a ouvir "não". E também que, quando as portas parecem se fechar para nós, é decerto porque existem outras que ainda não vimos ou não tivemos oportunidade de abrir.

Minha trajetória, apesar dos muitos percalços, confirmou o acerto de princípios básicos dos quais nunca abri mão, nas quase três décadas de atuação profissional. A partir do momento em que decidi voar com minhas próprias asas, todos os recursos disponíveis passaram a ser os meus, validando meus prejuízos e lucros. Por bem ou por mal, vivenciei momentos e experimentei sentimentos que jamais imaginara encontrar pelo caminho. Descobri os amigos verdadeiros e deixei para lá os que não eram. Tanta gente ajudei, mas — eu deveria saber —, ao prestarmos nosso auxílio, nada devemos esperar em retorno. Sou privilegiado por ter podido construir alguns relacionamentos sólidos e sinceros, ombros em que me apoiar em todos os momentos, de alegria e de tristeza, e torço para ter a sabedoria necessária para preservá-los pelos muitos anos que virão.

Princípios incontestáveis e duradouros, como a fidelidade e a correção para com os parceiros comerciais com quem convivi, me propiciaram credibilidade e respeito no mercado. Foi-me também de grande valia o esforço empenhado para criar um extenso *networking*, a insubstituível rede de contatos responsável por um fluxo contínuo de oportunidades de negócios e de apoio nos instantes críticos. A disposição em ajudar e prestar favores, além de permitir gerar preciosas relações de convívio, permitiu a troca constante de importantes informações. E, sobretudo, o respeito no trato com as pessoas — independentemente da posição em que se encontram na hierarquia empresarial e social — resultou, e resulta, em dias harmônicos e noites de sono tranquilas.

Divulgar de maneira ampla essas posturas, que me trouxeram o que considero sucesso em áreas de minha atuação, foi o que me motivou a escrever este livro. Não me censuro ao afirmar que tenho foco material, gosto por ganhar dinheiro, e que minha trajetória de reconhecimento empresarial me envaidece. Mas tampouco me furto a relatar minhas quedas e meus erros de julgamento. Eles fazem parte do "estilo Wang", que dosa ousadia, empreendedorismo e uma preocupação ética inarredável.

Tenho plena convicção de que a mistura desses ingredientes, se adotada por um bom número de empresários, será capaz de proporcionar grande desenvolvimento e geração de riquezas, tanto para eles mesmos quanto para amplas parcelas de nossa população que ainda vivem em situações degradantes.

Atingir esse objetivo proporciona uma vida digna e significativa para nós e para os demais.

Pense bem. É possível ter mais sucesso do que isso?

Capítulo 1

CRISES SÃO NATURAIS. BASTA ESTAR VIVO PARA PASSAR POR ELAS

Na metade do século XV, a Europa deparou com uma gigantesca turbulência. Constantinopla — a atual Istambul, na Turquia — caiu em poder dos otomanos, e a rota do comércio entre a Europa e a Ásia foi bloqueada. Era como se o mundo tivesse sido cortado em duas metades incomunicáveis. Uma catástrofe para a economia.

Constantinopla era a principal rota de passagem dos artigos de luxo, de matérias-primas e das especiarias, então essenciais para temperar e conservar alimentos. Esse era um poderoso motor para a economia de então. Tudo e todos foram afetados: financistas, impostos, empresas de transporte, serviços de entrega de correspondência e administração, tradutores, hospedarias, produtores rurais, entrepostos, bolsas de mercadoria, oficinas, cobrança de pedágios, exércitos, criadores de cavalos. Centenas de milhares de empregos diretos evaporaram, empresas foram à ruína.

Diante desse terremoto econômico, os reis espanhóis e portugueses vislumbraram uma inesperada oportunidade: buscar um novo caminho para o Oriente atravessando, em direção ao oeste, o que hoje conhecemos como oceano Atlântico. Se tudo desse certo, eles passariam a controlar a rota comercial mais lucrativa do mundo, na época. Foi assim que, em 1492, Colombo aportou suas caravelas na ilha Espanyola, ou de São Domingos — que atualmente se divide entre dois países, República Dominicana e Haiti. Oito anos depois, os portugueses chegavam ao Brasil. O continente americano fora descoberto — e novas rotas para as Índias, também.

Enquanto grande parte do mundo ocidental sofria as consequências do bloqueio do caminho para o Oriente, a grande crise mundial colocava diante desses reis uma excelente oportunidade. As duas nações multiplicaram sua força e estabeleceram uma influência econômica e cultural sobre o mundo que hoje, quinhentos anos depois da queda de Constantinopla, está fortemente presente.

Sem os conflitos, nós não conseguimos crescer

Ao longo da história, as rupturas de equilíbrio sempre antecederam fases de crescimento e de importantes transformações tecnológicas, políticas e comportamentais. Ou seja, crises trazem consequências boas e significativas. Mas não é fácil assimilar isso.

Quando escutamos a palavra "crise", o que nos ocorre são sensações de medo, aflição e pensamentos negativos. No entanto, se acreditarmos de verdade que ela pode nos tornar profissionais melhores, aumentar nossa experiência e nos valorizar no mercado de trabalho, não iremos ter nenhuma postura derrotista diante dela.

As tensões são inevitáveis e, mais do que isso, essenciais para nosso aprendizado, crescimento e amadurecimento. Um exemplo disso: todos nós só nos tornamos adultos plenos depois de passarmos, inevitavelmente, pela crise da adolescência. É a única maneira de deixarmos de ser crianças e nos tornarmos adultos.

Sendo assim, a primeira coisa que precisamos ter em mente é que o instante crítico é o momento no qual os padrões praticados já não atendem mais a todas as expectativas, e novas práticas se fazem necessárias. Isso, claro, não quer dizer que vamos enfrentar a crise aleatoriamente, contando apenas com a sorte ao nosso lado. Muitas coisas podem ser feitas para aumentar nossas chances de sucesso nesses tempos difíceis. É preciso buscar preparo: estudar, ler, adquirir informação, analisar, avaliar, cultivar bons contatos, reciclar o que já havíamos aprendido.

Por temerem-se as turbulências, o dinheiro é escondido debaixo do colchão

Veremos mais adiante que a percepção de uma fase difícil é algo subjetivo. Existem crises imensas que nos atingem de maneira leve, e pequenos acontecimentos que podem causar impactos enormes em nossas vidas. Mas, de um modo geral, aqueles períodos que convencionalmente chamamos de "crise econômica" têm um fator em comum: o dinheiro faz "puf!!!" e desaparece como num truque de mágica. A queda na velocidade da circulação de dinheiro é provocada pelo medo. O mercado fica temeroso de gastar, investir ou emprestar. Os bancos, receosos de conceder empréstimos. O dinheiro fica estático, sem movimentar o mercado, o comércio, a indústria. Mantém-se, assim, debaixo do colchão e, dessa maneira, a engrenagem vai parando.

Especificamente a crise desencadeada em 2007 pelos calotes das hipotecas de imóveis nos Estados Unidos mostrou como o colchão pode acelerar os efeitos danosos de uma conjuntura econômica desfavorável. Temendo a quebra de seus clientes e deles próprios, os bancos passaram a ser muito mais criteriosos na concessão de empréstimos. Essa postura atingiu em cheio o comércio das mercadorias que necessitam de financiamento, tais como bens de capital e bens duráveis. Grandes e importantes cadeias produtivas, como a dos automóveis e a de bens de consumo de maior valor, foram as primeiras a sentir os efeitos da crise, sem falar no mercado imobiliário propriamente dito.

A percepção de que o acesso ao dinheiro ficou mais difícil gera insegurança. Mesmo quem não foi afetado pela turbulência começa a temer pelos efeitos e, por via das dúvidas, passa a se comportar como se estivesse também sofrendo com a crise. É o "efeito manada": alguém vai para um lado e todos o seguem; alguém entra em pânico e todos se apavoram, como vaquinhas de presépio. Mesmo antes de ser objetivamente atingida, a sociedade entra psicologicamente em crise, o que só acelera e agrava o processo.

Nessas condições, a freada no ritmo da economia tende a se propagar por contágio como um vírus, disseminada pelas notícias, pelos calotes, pelo desemprego, pelos boatos e por toda aquela variedade de efeitos negativos que pipocam por todos os lados. Eles são distribuídos por canais de voz, de dados, de fibra óptica, de ondas de rádio, de televisão, que fazem questão de lançar um holofote sobre os problemas, mas esquecem-se de mostrar aqueles que continuam trabalhando, resistindo e brigando porque sabem que a vida continuará.

A diferença entre quem tem e quem precisa ter

Diante desse quadro, quem tem dinheiro em caixa demora mais para tomar a decisão de utilizá-lo. Na outra ponta, quem precisa de dinheiro é pressionado a tomar decisões mais rapidamente, pois tem que se movimentar em busca do "combustível" para manter viva sua empresa ou sua carreira. Portanto, a crise provoca uma discrepância de ritmos entre aquele que tem e o que necessita ter, na medida em que eles passam a funcionar em ritmos opostos.

Porém, como a pressa não se senta à mesma mesa que a perfeição, não adianta sair colocando em prática a primeira ideia que vier à cabeça, porque a chance de perceber que ela tinha falhas aqui e ali é muito grande. Mas também não quer dizer que temos todo o tempo do mundo. Durante uma fase crítica, devemos aperfeiçoar nossa capacidade de tomar decisões acertadas. Porém, nosso índice de acertos está diretamente relacionado a termos desenvolvido, nos períodos econômicos mais tranquilos, boas práticas de gestão. Só assim poderemos ter certeza de que nossos instintos estão calibrados.

Uma mostra de como nosso *background* pode nos livrar de situações complicadas virou notícia mundial no dia 15 de janeiro de 2009, quando o avião do voo United 1549 foi forçado a pousar nas águas geladas do rio Hudson logo após a decolagem do aeroporto La Guardia, em Nova York, depois de ter suas turbinas danificadas por gansos voando em sua rota. A manobra de pouso foi realizada com incrível perfeição — pousar um avião em água congelada é uma operação arriscadíssima — e todos os passageiros foram resgatados com vida. Dois dias depois, o autor dessa façanha, o piloto Chesley Sullenberger, declarou que teve muito pouco tempo para decidir como manobrar a aeronave, que havia perdido potência nos motores, voava a baixa altitude e estava próxima demais de muitos edifícios para ir para qualquer outro lado. Mesmo em uma circunstância extrema como essa, Sullenberger soube tomar a decisão acertada. E isso não aconteceu simplesmente porque ele é talentoso ou teve um golpe de sorte. Naquele momento, o piloto fez valer os frutos de anos e anos de preparação e dedicação.

Se Sullenberger tivesse sido avisado na véspera de que enfrentaria uma situação como essa, na certa não sairia de casa por dinheiro algum.

Ninguém quer, espontaneamente, enfrentar conflitos. Entretanto, muitas vezes é esse momento desafiador que vai mudar toda a nossa vida para melhor. No caso de um piloto de aeronaves, saber o que fazer em um momento em que se tem em mãos um avião com o motor desligado e perdendo altitude entre arranha-céus pode salvar dezenas de vidas, inclusive a dele. Quanto aos líderes empresariais, os resultados de uma crise não são assim tão dramáticos, mas as consequências para quem consegue se safar de situações extremas são recompensadoras. Sullenberger transformou-se em um herói nacional, mas hoje já não é tão lembrado assim. No entanto, para você, a recompensa pode ser mais duradoura. Você pode garantir a permanência de sua empresa no mercado, conquistando reconhecimento e prestígio, enquanto durar sua vida profissional ativa, e mesmo após.

O que vale mais na hora do vale-tudo

Mantenha seu brevê de líder empresarial sempre em dia, especialmente porque a tendência é que as turbulências sejam cada vez mais frequentes. Em nossos tempos, tudo acontece mais rápido, e os desequilíbrios que provocam crises também se sucedem em intervalos curtos. Mas a contrapartida é que o ajuste e o novo ponto de equilíbrio também surgem logo.

Os problemas contemporâneos são profundos e globalizados, porém menos duradouros. No entanto, como os momentos difíceis do passado, eles também fazem desaparecer os antigos parâmetros. Empresários, empregados, gente do povo, os governos... todos ficam, temporariamente, sem instrumentos confiáveis de avaliação. É impossível prever o que vai acontecer dentro de cinco minutos. As antigas fórmulas não funcionam mais, e as novas ainda não foram testadas. Tudo entra em ebulição.

Em épocas assim, alguns fatores fazem muita diferença. O primeiro deles é ter valores morais firmes nos quais se apoiar. Às vezes, a tentação de deixar a ética de lado e enveredar por caminhos obscuros na hora do vale-tudo para se salvar durante as transições é grande, mas esteja certo de que não vale a pena. A situação vai passar, a vida voltará ao normal, porém o mercado não se esquecerá daqueles que tiveram um comportamento desonesto. Sendo assim, antes de mais nada, confie em seus valores e jamais os traia. Por mais confuso que o cenário possa estar.

O segundo fator, importantíssimo, é a confiança no que você sabe, no que aprendeu, no que vivenciou, e também no que diz sua intuição. Dê a si mesmo um voto de confiança. Ou melhor, dê-se um milhão de votos de confiança. Você precisa deles, e dessa maneira vai caminhar com mais segurança e determinação pelo caminho que escolheu.

Não estou dizendo, de modo algum, que não se deva levar em consideração as avaliações alheias; ao contrário. Todavia, chega uma hora em que tudo isso é pesado, medido, digerido, e as decisões surgirão de suas próprias reflexões. Imagine se Sullenberger, o comandante do Airbus A320, tivesse decidido pegar seu rádio e debater com os engenheiros da empresa todas as opções possíveis para pousar seu avião em pane antes de tomar uma resolução. Quanto maior o poder, mais solitária será sua decisão.

É hora de se dedicar de verdade

O terceiro fator é dedicação. Uma crise pode representar excelentes oportunidades, mas de modo algum é momento de relaxar, divertir-se ou ter uma intensa vida social. Para sair vitorioso de uma fase de tensão você vai ter de mergulhar fundo. Terá de dedicar todas as energias a entender o instante que está atravessando, prever o que deve acontecer e escolher seus parceiros de jornada para tomar a resolução acertada na hora precisa. E não será apenas um momento, mas vários, e muitas decisões críticas terão de ser tomadas.

Muitas pessoas acreditam que o excesso de trabalho é prejudicial e termina por afetar a qualidade do que é feito. Concordo em parte com isso, mas em tempos de normalidade. Nos períodos extraordinários, temos de viver de forma extraordinária. Assim como nosso organismo dedica todas as suas energias para combater um vírus, nossa atenção tem de estar totalmente voltada para encontrarmos soluções positivas e construtivas para os desafios que a turbulência nos apresenta.

Mas, por favor, leitor, não confunda dedicação com desespero. Estar atento e dedicado não é o mesmo que estar estressado, arrasado, apavorado. Nada disso. A dedicação tem relação com a lucidez, e deve ajudar a encarar as situações com mais clareza de raciocínio e, por consequência, conferir melhores condições para decidir.

Que tal escalar o Everest?

Quando a ruptura de equilíbrio se estabelece, ela parece real e sólida como uma montanha. Portanto, não adianta nada protestar, arrepender-se ou reclamar. Deve-se olhar para ela como quem analisa um tabuleiro de xadrez, ou seja, ponderando sobre a situação e procurando a melhor estratégia para derrotá-la. Ninguém vence uma partida de xadrez jogando desatento e com a mente ocupada com outras coisas. Da mesma forma, ninguém sai melhor de uma crise se não lhe dedicar o tempo e o esforço necessários. E não nos esqueçamos de que todas as rotinas, que já consumiam boa parte de nosso dia a dia, precisam continuar a ser cumpridas. Isso quer dizer que as situações de transição sempre exigirão mais trabalho do que nossa quota normal. É preciso esforço? Sim, mas acredite: é gratificante, vale a pena.

Se você é ambicioso e sonha com grandes realizações, não há nada melhor do que uma boa crise, do que uma chacoalhada geral, do que um enorme desafio. Encare a tensão como um alpinista fita o Everest. É arriscado e perigoso, mas os melhores sempre vão até lá. Antes de viajar, eles treinam e se preparam. Para a escalada, levam os melhores equipamentos disponíveis. Ao dar o primeiro passo, compreendem que viveram toda a vida para aquele instante. E também sabem que, após chegar ao topo, nada mais será como antes. Eles entrarão para o seletíssimo grupo das pessoas que estiveram no ponto mais alto da Terra por esforços próprios.

Para os profissionais, a fase crítica é um imenso Everest gelado. Superá-lo é difícil, mas não impossível. Uma vez lá no topo, eles verão o mundo sob uma óptica totalmente diferente. E o mundo também os verá de um modo como nunca foram vistos antes.

E então, vamos escalar esse Everest?

Principais tópicos do capítulo 1

- •➡ Crises são naturais. Basta estar vivo para passar por elas
- •➡ Muitas fases críticas foram o ponto de partida para grandes avanços
- •➡ A ruptura de equilíbrio é momento de mudança. Nada será como antes

Sucesso é... superar encrencas!

- Mas os alicerces do passado serão muito úteis no futuro
- Durante as crises, a velocidade do giro do dinheiro cai
- E quem precisa de dinheiro deve decidir rápido
- É importante preparar-se para o momento de decidir sem vacilar
- A preparação traz confiança — em nossos valores e conhecimentos
- Administrar conflitos exige muita dedicação
- Contudo, não existe nada melhor do que uma turbulência para se chegar ao sucesso

Capítulo 2

VOCÊ E AS OPORTUNIDADES

Algo para não se esquecer jamais: durante uma turbulência, todos os holofotes se acendem. E se acendem sobre você. Tudo o que fizer estará sendo observado, e todos os seus movimentos terão maior repercussão do que em tempos "normais". Se conseguir sair-se bem, seus méritos surgirão ampliados. Se você não se sair tão bem assim, suas falhas serão apontadas de uma maneira exagerada, e as consequências também vão ser desproporcionais.

Portanto, antes de partir para qualquer estratégia mirabolante, pense em cumprir bem suas tarefas e seus compromissos. Maximize sua energia e seu tempo. Seja duas vezes mais cuidadoso do que costuma ser nas atividades cotidianas. Releia o relatório antes de encaminhá-lo ao conselho. Cheque mais uma vez se as contas estão batendo. Anote tudo o que tem de ser feito e verifique se não deixou nada escapar. Lembre-se de que qualquer deslize será considerado grave exatamente porque "estamos atravessando tempos atípicos". Resumindo, como dizia aquele velho samba: pise no chão devagarinho.

Leve em consideração que um momento difícil é sempre uma excelente desculpa para demissões e votos de desconfiança. Se você já vem tendo problemas com os sócios ou com a presidência da empresa, as chances que lhe serão concedidas para se redimir serão menores. Se andou notando alguns semblantes carregados no ambiente de trabalho, redobre seu empenho para mostrar interesse e fidelidade à organização. Como foi dito no capítulo anterior, dedicação e comprometimento são dois dos requisitos fundamentais para atravessar e superar tempos tormentosos.

De todo modo, vamos com calma. Antes que comece a ficar alarmado com o sombrio início deste capítulo, vou logo dizendo que, por outro lado, não existe momento melhor para você virar uma página de conteúdo desagradável. Em épocas de instabilidade, uma boa iniciativa pesa muito mais do que em períodos normais, ou seja, chegou a hora de mostrar seu valor. E se você já estiver bem avaliado, melhor ainda!

O capitão do barco sumiu?
Sua chance de agarrar o leme!

A ruptura acontece quando os padrões praticados já não atendem às expectativas e novas práticas se fazem necessárias. No caso da recente crise, batizada pela imprensa como a Crise dos Derivativos, ficou claro até para o mais radical defensor da sociedade de consumo que os padrões de endividamento da classe média nos Estados Unidos não eram mais sustentáveis. Chegara a hora de encontrar outro caminho para manter o nível de consumo daquele mercado e a máquina funcionando. Porém, querendo ou não, a direção e a velocidade com que se movem os Estados Unidos têm repercussões profundas na economia brasileira e de todo o mundo.

No processo de construção dos novos modelos, muitas brechas se abrem dentro das organizações, o que oferece novos espaços para os profissionais talentosos. Se perceber que existe um vazio, uma demanda reprimida, e você se sentir confiante e desafiado para preenchê-lo, não hesite: essa é a hora. A história está cheia de exemplos de novas lideranças surgidas exatamente nos momentos conturbados.

Vou contar um caso acontecido comigo que mostra, ainda que de maneira singela, como uma oportunidade bem aproveitada pode gerar excelentes resultados. Lembro-me muito bem de uma experiência, ainda nos tempos de faculdade, que me permitiu sair da condição de mero colega regular na sala de aula para a posição de líder na turma. Foi durante uma viagem a Brasília. Eu estudava arquitetura no Mackenzie, e todos que fazem arquitetura e urbanismo no Brasil têm, obrigatoriamente, que visitar Brasília.

De minha turma, foram 37 pessoas, incluindo um professor de planejamento, que deveria conduzir a excursão. Porém, no meio do caminho ele decidiu concentrar sua atenção numa única aluna, que lhe cativou os olhos e o coração. Completamente enfeitiçado, deixou tudo de lado para se dedicar à conquista. O barco ficou sem capitão e, sendo assim, para não perder a viagem, decidi assumir o comando. Providenciei correção de rotas, briguei por reservas de hotel, cuidei dos demais estudantes. Eram pequenas tarefas que eu me prontificava a realizar para ajudar. Dessa forma, tive chance de discutir oportunidades e me entrosei mais com os colegas. No entanto, ao mesmo tempo, alguns se distanciaram, por indiferença ou inveja. O comportamento de meus colegas me mostrou quem era quem. Descobri quem era generoso e quem era mesquinho, o alto-astral e o baixo-astral. Percepções que seriam confirmadas nos anos seguintes de convívio acadêmico.

No final da viagem, tudo deu certo, e eu, de certa forma, ali no Planalto Central, comecei a construir uma liderança. Por que isso foi possível? Pela vontade de contribuir, por ter atitudes proativas, por trazer soluções realistas e praticáveis. Assim ocupei meu espaço. O ímpeto de agir, quando ninguém quer fazer nada ou simplesmente não sabe que atitude tomar, muda os rumos dos fatos. Não gosto de esperar que as coisas aconteçam, sempre corro atrás, em busca das opções ou para trazer uma solução. Essas atitudes se consolidariam com o tempo e se transformariam em grandes aliadas, tanto na carreira profissional como na vida pessoal.

Nada de ficar procurando culpados

O exemplo da excursão soa simples, afinal ela se deu num ambiente acadêmico, em que não havia grandes riscos envolvidos. Mas considerei que essa história merecia ser contada aqui, porque foi uma oportunidade significativa para perceber como se constrói uma liderança. E essa lição seria sempre lembrada ao longo de toda a minha vida como empreendedor. Na certa você, leitor, passou por alguma experiência semelhante, que o fez refletir sobre como se comporta, ou gostaria de se comportar, diante de uma situação em que a questão de quem será o líder e de quem serão os liderados é colocada.

Mas talvez o que de melhor esses eventos deixem claro é que o comportamento humano é sempre o mesmo e se repete em qualquer esfera, seja em uma viagem de universitários abandonados por um professor distraído, seja na reunião da presidência de uma poderosa multinacional. A tendência da maior parte das pessoas diante de um "abacaxi" que surge de repente é esquivar-se, alegando que não têm nada a ver com — para continuarmos com a analogia hortifrutigranjeira — aquele "pepino". E essa omissão é fácil de ser justificada. Afinal, alguém era responsável pelo fato de o professor ter se deslumbrado com uma aluna e deixado de lado suas obrigações? Claro que não! Porém, se ficássemos à espera de que o culpado se apresentasse para cobrarmos dele as atitudes necessárias, teríamos perdido nosso tempo, nosso dinheiro e a oportunidade de conhecer a deslumbrante obra arquitetônica de Oscar Niemeyer.

Por isso, aquele que arregaça as mangas, sem se perguntar de quem é a responsabilidade pelo problema, e se dispõe a resolvê-lo destaca-se imediatamente no grupo. A crise vai gerar uma série de obstáculos, e ninguém dentro da empresa será de fato o responsável por eles, mas alguém tem de se apresentar para removê-los do caminho de modo que a organização possa continuar funcionando. E esse alguém pode e deve ser você.

Você é do tipo "deixa comigo, deixa comigo"?

No entanto, é preciso ter bom senso. Antes de tomar a iniciativa de tentar resolver todas as questões que surgem diante de você, é bom reler o primeiro parágrafo deste capítulo: em épocas de conturbação, não só os sucessos são amplificados, os fracassos também. Por isso, antes de ocupar eventuais espaços vazios, avalie consigo mesmo se está preparado para fazê-lo. O simples fato de uma área não estar funcionando bem não quer dizer que você é a pessoa adequada para assumir o comando. Se lhe faltam a experiência e o conhecimento técnico necessários, não se atire de peito aberto sobre qualquer desafio. Entenda que, se as coisas derem errado, talvez passem a vê-lo — em vez de um "profissional preparado, proativo e decidido" — como um "picareta irresponsável, incompetente e arrogante". É como gostava de repetir um velho amigo: "A distância entre o céu e o inferno às vezes é de apenas um passo".

Ao tomar qualquer iniciativa, sobretudo em áreas que não são de seu domínio habitual, analise e considere com cuidado todas as variáveis. Mesmo quando você for convidado a assumir uma determinada tarefa, ainda assim terá de pesar sua competência. Caso não esteja 100% seguro, seja totalmente honesto sobre essa autoavaliação com quem o convidou. Se mesmo assim o convite for confirmado, sorte sua; você terá a oportunidade de galgar um degrau importante em sua carreira e, se algo não der certo, sempre poderá dizer: "Eu avisei, não avisei?".

Existe outra condição na qual poderá aceitar uma missão, mesmo que não se sinta o mais indicado para isso: é quando não há mais ninguém para fazê-lo. Nessa situação, não se acovarde. De novo, avise aos autores do convite que talvez você não seja a pessoa mais adequada, mas, diante da falta de outra, irá se dispor a fazer o seu melhor. Essa atitude mostrará seu comprometimento com a empresa e dará uma boa mostra de sua honestidade e seu respeito pelos demais.

Deixando de lado essas duas exceções, a melhor postura ainda é a de se prontificar a aceitar aqueles desafios com os quais você se sente capaz de lidar. Como líder empresarial, já ouvi diretores ou gerentes meus dizerem "deixa comigo, deixa comigo...". No começo, sentia-me aliviado ao ver que eles chamavam a responsabilidade para si. Porém, depois de fracassos e aprendizados, confesso que agora me dá um frio na espinha quando ouço algum profissional me dizer, todo seguro de si: "Deixa comigo". Infelizmente, aqueles que adotam esse tipo de expressão na maior parte das vezes não cumprem com sua palavra. Portanto, evite essa postura. Procure certificar-se de que está apto a resolver o problema antes de se comprometer a enfrentá-lo.

Observe com um olhar clínico as pessoas... Faça a leitura do ambiente: quem está realmente do seu lado?

Observar atentamente o comportamento dos que nos rodeiam no ambiente corporativo é uma fonte riquíssima de informação. Apesar de este não ser um livro de psicologia, devo dizer que é sempre útil levarmos em conta o comportamento dos indivíduos.

Na medida em que você assume novas responsabilidades, a atitude dos colegas, e mesmo de alguns superiores, diz muito sobre o que eles sentem a seu respeito. Entre aqueles colegas de sempre, existem os que comemoram e compartilham com você o sucesso. Eles se mostram satisfeitos com sua ascensão e seu comportamento não muda muito em relação ao que era antes.

Porém, para sua decepção, você verá que alguns não demonstrarão entusiasmo com seus avanços; pelo contrário. Infelizmente, isso é natural e ocorre com frequência. O provável é que eles não só gostariam de estar em seu lugar como acham injusto não terem sido escolhidos; e, pior, acreditam que foi você quem lhes tirou essa chance que era deles por direito. A tradução: na medida em que ascender na carreira, você perderá a amizade de alguns companheiros. E isso é mais verdadeiro ainda em épocas de crise, quando a pressão, a insegurança e o medo interferem de maneira decisiva no comportamento das pessoas.

Sem dúvida não é uma experiência nada agradável vermos aqueles com quem acreditávamos ter laços de amizade tornarem-se frios, distantes e até hostis. Mas pense que, na verdade, eles não eram amigos de fato. Não passavam de colegas circunstanciais, nada mais do que isso. Quando você se adiantou, eles ficaram para trás. Por outro lado, muita gente nova irá se aproximar de você. Não se entusiasme imediatamente, pois vários indivíduos estarão apenas querendo "pegar uma carona" em sua trajetória. Isso não quer dizer que sejam pessoas más; só não se deixe confundir, nem deposite confiança excessiva nos "novos amigos". Apenas o tempo, ao trazer vitórias e fracassos, dirá quem são aqueles com quem você pode contar de verdade.

Panela de pressão

Superar dificuldades e desafios é tarefa para aqueles que são sólidos. Não estou falando de empresa grande, nem de pessoas ricas. Refiro-me a profissionais corajosos, que lidam bem com situações extremas, que gostam de desafios, que sabem trabalhar com instabilidade, que conseguem manter a calma quando muitos já entraram em pânico. Você é assim? Se for, parabéns, pois é talhado para a superação, para crescer com a vinda de uma crise. Tire o máximo proveito dessas qualidades, porque toda empresa necessita de alguém com esse perfil.

Você não tem todas essas qualidades? Não há problema. Só o fato de desejar ser assim já é meio caminho andado. Quase todos os profissionais que ostentam essas características não nasceram com elas, mas as desenvolveram. Ao longo dos próximos capítulos, vamos falar com mais profundidade sobre as práticas e posturas que ajudam os líderes e empresários a lidar com situações extremas.

Mas é fundamental saber que para enfrentar, superar e crescer em uma época difícil teremos de suportar muita pressão. Se ao ler a descrição do profissional ideal para a crise você não se identificou, nem sentiu vontade de ser dessa forma, talvez não seja a pessoa ideal para mergulhar nessa experiência. Saiba que isso não faz de você melhor nem pior do que os demais. Leve em consideração que as crises representam apenas uma pequena parcela do tempo. A maior parte de nossas carreiras se desenvolve em períodos mais tranquilos. Se consegue se sair melhor trabalhando em um ritmo normal, dê seu melhor durante o conflito, mantenha seu emprego ou sua empresa e espere a volta dos bons tempos.

Sai o medo. Entra a coragem

Talvez você esteja dizendo a si mesmo que não existe alguém tão corajoso e senhor de si mesmo como foi descrito anteriormente. Afinal, todos nós sentimos medo. Isso é verdade. No entanto, repare bem, a palavra "destemido" não aparece em momento algum neste livro. Isso porque destemor significa ausência de medo. Usei o adjetivo "corajoso", porém a coragem não implica a ausência de medo. Pessoas corajosas também sentem medo. O que as torna especiais é que nelas a coragem supera o temor, e a vontade de enfrentar o desconhecido supera o comodismo.

Sentir-se inseguro em situações adversas é normal. Eu diria que é, inclusive, muito construtivo. Como não se abalar diante de mudanças repentinas, que ninguém sabe ao certo para onde vão nos levar? Não ficar atemorizado nessas circunstâncias beira a irresponsabilidade, atitude totalmente indesejável para todos, em especial líderes empresariais. Médicos e psicólogos sabem muito bem que o medo, desde que seja desencadeado por uma ameaça real, é uma reação saudável, o essencial instinto de sobrevivência, e pode ser muito útil, se o usarmos como aliado. Ele nos deixará mais atentos às ameaças e nos obrigará a procurar a todo instante por estratégias de luta ou, conforme o tamanho e a ferocidade do inimigo, de recuo.

Mas temos de nos convencer de uma coisa: somos maiores do que o medo! E é a essa percepção que damos o nome de coragem. O temor é bom enquanto medimos, pesamos e ponderamos. Depois, deve sair de cena, senão só dificultará nossa jornada. É aí que sobe no palco a valentia, a única capaz de, uma vez tomada a decisão, colocar nossos planos em prática. Coloque o medo a seu serviço e saiba identificar a hora de abandoná-lo para dar a mão à ousadia.

Principais tópicos do capítulo 2

- Durante as crises, todas as atitudes são observadas com redobrada atenção
- Não vacile; crise é um bom argumento para demissões
- Aproveite e ocupe os espaços criados pela turbulência
- Certifique-se de que está preparado antes de dar um passo adiante
- Não assuma responsabilidades que não consiga cumprir
- Não fique tentando encontrar culpados, disponha-se a resolver os problemas
- Aproveite a fase difícil para conhecer melhor as pessoas
- Prepare-se para trabalhar sob pressão
- Sentir medo é normal e saudável
- Mostre o melhor de si
- Mostre o melhor de si
- Mostre o melhor de si
- E, por fim, mostre o melhor de si!

Capítulo 3

A CRISE E SUA EQUIPE

Se eu fosse obrigado a escolher apenas uma arma para lutar contra uma adversidade, escolheria uma boa equipe. Com um grupo afinado, confiável, competente e disposto a nosso lado, podemos enfrentar qualquer desafio. Isso significa, portanto, que na hora em que a tempestade começar a se armar, você deve concentrar-se em conhecer, avaliar e selecionar todos aqueles que o circundam para escolher seu time de campeões. E tenha em mente que eles vão não só ajudá-lo nos momentos difíceis como estarão ainda mais afinados e capazes quando passar a fase crítica e chegar a hora da reconstrução.

Essa é a ocasião perfeita para você afastar aqueles que não estão rendendo o esperado. Mantê-los seria como rasgar dinheiro, subestimar os desafios a serem superados. Eu costumo dizer que esse é o instante de tirar os ladrões da organização. "Ladrões? Wang, você não está exagerando?", é a questão que costumo ouvir. Não, não há exagero. Existem, sim, ladrões dentro de todas as empresas, talvez aí em sua equipe, na mesa a seu lado. O ladrão não é necessariamente quem rouba ou desvia dinheiro, um fora da lei. Eu me refiro àquele ladrão no aspecto moral, aquele que tem por hábito roubar o tempo, a produtividade, o entusiasmo ou a eficiência. Enfim, tira a oportunidade e a vitalidade de um grupo de pessoas, de uma empresa, e pode levá-la à ruína.

Um velório na firma

Pessoas negativas, pessimistas, que sempre enxergam defeitos nos outros ou em suas ações, são ladrões de sucesso. Elas sugam o estímulo para o trabalho, e não só não produzem bem como impedem que outros se empenhem com o devido entusiasmo. Existe uma parábola que talvez você conheça, pois é quase um clássico, mas vale a pena rememorá-la.

Era uma vez uma organização que se encontrava em situação muito difícil. As vendas declinavam, os funcionários estavam desmotivados, os balanços só registravam prejuízos. Era preciso fazer algo urgente para mudar esse estado de coisas, mas ninguém tomava a iniciativa. Pelo contrário, todos só se queixavam. Andavam pelos corredores reclamando que tudo ia mal, e, se alguém não tomasse rápido uma atitude, as perspectivas seriam as piores possíveis.

Um dia, quando os funcionários chegaram para trabalhar, acharam pendurado na portaria um cartaz no qual se lia: "Faleceu ontem aquele que impedia seu crescimento e o de nossa empresa. Todos estão convidados para o velório na quadra de esportes". No início, as pessoas se entristeceram com a morte de um colega, o ar ficou pesado, soturno. Entretanto, logo ficaram curiosas para saber quem tanto atrapalhara o crescimento da companhia. Em instantes já havia tanta gente na quadra de esportes que foi necessário chamar a segurança para organizar uma fila.

Conforme os funcionários iam se aproximando do caixão, a curiosidade aumentava: "Quem será que estava atrapalhando nossa empresa? Ainda bem que esse infeliz morreu!", diziam. Um a um, chegavam perto do caixão, olhavam o defunto, engoliam em seco e se afastavam em absoluto silêncio, como se tivessem sido atingidos no fundo da alma, todos cabisbaixos.

Você consegue imaginar o que eles viam? Sim, no visor do caixão havia um espelho. Aquele velório era o velório de cada um e de todos eles.

Ladrões de entusiasmo

A moral dessa história: não há organização que resista ao pessimismo, ao desestímulo e à descrença. Gente que dissemina esses sentimentos é tão prejudicial a uma empresa quanto um ladrão de dinheiro. Talvez ainda mais perigosa, porque alguém que desvia dinheiro sempre pode ser pego por meio de procedimentos técnicos de controle; nenhuma auditoria, no entanto, consegue detectar quem planta o desânimo no coração dos colegas.

Assim como existe ladrão de entusiasmo, existe o ladrão de tempo, o ladrão de oportunidades, um bem que nunca se recupera. Ele atua atrasando os processos, não cumprindo prazos ou simplesmente deixando a organização em ponto morto ao não dedicar o tempo necessário a suas tarefas. Ele prejudica seriamente sua função, mas sua falta de comprometimento deteriora também a qualidade do trabalho alheio, que depende de sua atividade. Um funcionário assim não é bom em conjuntura alguma; contudo, em períodos de crise, pode ser fatal.

Investigue sua equipe com muito cuidado procurando identificar os "ladrões" que estão dentro de sua organização e afaste-os o mais rápido possível. Você estará tomando uma atitude altamente saudável. Tirar da companhia alguém que não estava fazendo o bem mostrará aos demais funcionários sua firmeza e liderança. Todos se sentirão reconfortados ao ver que um elemento prejudicial está fora da organização e trabalharão melhor. Elimine todos os ladrões de uma vez, e o mais depressa possível, para que não se instale um clima de insegurança.

Uma liga da justiça vale mais do que um super-homem

Minha experiência como empreendedor me deu duas lições fundamentais, para quando se trata de escolher os quadros com os quais quero trabalhar. A primeira é que o colaborador ideal é aquele que reúne estas dez características:

- atitude ética;
- capacidade de se comunicar e interagir com seus pares e subordinados;
- comprometimento;
- dedicação;
- talento;
- conhecimento técnico;
- experiência;
- capacidade de manter o foco;

- capacidade de trabalhar e decidir sob pressão;
- capacidade de cobrar e acompanhar resultados.

A segunda é que esse profissional não existe.

Você nunca encontrará alguém que reúna todas essas características. Porém, você pode formar uma equipe com esse perfil. Em outras palavras, super-homem só existe nas revistas em quadrinhos, mas você pode formar uma liga da justiça, um time em que as qualidades de seus integrantes somem todas essas dez boas qualidades descritas.

Sozinho ninguém consegue vencer. Necessitamos de uma liga da justiça para enfrentar e superar o conflito.

A receita para compor uma boa equipe tem alguns passos essenciais. É preciso saber selecionar pessoas; combinar e harmonizar a atuação delas; dar instrumentos e suporte adequado ao grupo e, por fim, tirar o máximo de cada um. É necessário ter um guerreiro disposto a sacrificar-se pela companhia em cada posição estratégica existente, e esse esquadrão tem de ser de sua total confiança. Por isso, a primeira etapa — selecionar pessoas — é determinante.

Antes de tudo, é necessário identificar se esses guerreiros já estão dentro de sua organização. Como gestor da empresa, pense em sua diretoria e confirme se os integrantes têm talento de verdade, se eles vão fazer a diferença nos momentos mais desafiantes da crise. Lembre-se de que serão necessários pelo menos três super-heróis... quer dizer, colaboradores: um na área logística-produtiva, um no setor administrativo-financeiro e outro no comercial-marketing. Dependendo do campo de atuação de sua empresa, será vital poder contar também com um colaborador na área de suporte e assistência técnica.

Tempo de garimpar

Épocas de conturbação são essenciais para estreitar laços, conversar mais, ouvir mais, fazer mais reuniões objetivas e produtivas. Desse modo é possível observar melhor aqueles que nos cercam e avaliar quem são os mais indicados para nos acompanhar nessa aventura arriscada. Uma crise também permite que você amplie os canais de comunicação dentro da organização. É vital abrir espaço para que outras pessoas se manifestem, para que as ideias e mensagens fluam livremente. Você pode ter ótimas surpresas com as boas sugestões que irão surgir e comprovar que seu time tem as credenciais requeridas para compor o esquadrão de elite.

Os profissionais de escalões intermediários quase sempre ficam encobertos por suas chefias. Não se incomode em atravessar essas camadas hierárquicas, porém sem quebrá-las, para garimpar os talentos preciosos que talvez tenha sob seu teto. Muitas vezes essas chefias intermediárias não conseguem ver o brilho de seus subordinados. Por isso, o braço do gestor, mais experiente, deve ir mais fundo, para buscar aqueles diamantes que estão escondidos.

Se apesar de todo o esforço você não encontrar ninguém com perfil adequado, é porque chegou a hora de ir às compras no mercado e contratar. "Contratar em plena crise?!" Sim, sem um suporte firme, você será engolido pelos tempos difíceis, portanto, vale a pena trazer alguém mais adequado, com outros talentos, para completar seu esquadrão. Além disso, ao sair em busca de pessoal, você passará ao mercado a mensagem de que se sente tão confiante no sucesso de sua empresa que decidiu contratar quando todos pensam em demitir. Nunca se esqueça de que tem a obrigação de apostar em si próprio. Se você não acredita que vai vencer, quem acreditará?

Tenha sempre em mente que está montando a sua liga da justiça, seu time. Por isso, procure no candidato as qualidades que faltam em seu grupo. Como um técnico de futebol, você tem de saber se precisa reforçar a defesa ou o ataque. Se está faltando alguém com vigor físico ou com mais experiência.

We are the champions

Uma vez montado seu grupo de super-heróis, é vital que eles saibam que sua missão é fazer com que toda a empresa passe o mais incólume possível por esse momento dramático. Esses indivíduos são os escolhidos, eles são a liga, um por todos e todos por um. Essa atitude mental fará com que ganhem espírito de união, com que se unam. É bom que eles tenham consciência de que os resultados serão considerados coletivamente, que a vitória será de todos e, sejamos honestos, na derrota, o líder é quem fica com a responsabilidade.

Lembre-se ainda de informá-los de que individualmente eles não têm todos os superpoderes necessários à equipe. Alguns possuem um bom conhecimento técnico, mas enfrentam dificuldades para manter o foco. Outro sabe como ninguém cobrar e acompanhar resultados, mas falta-lhe experiência. Isso é bastante rico para o grupo. Refletindo sobre seus pontos fortes e fracos, cada um ficará mais atento em relação a futuras falhas e poderá evitá-las, e será mais rigoroso consigo mesmo naquele aspecto no qual não é tão bom, aumentando assim seu índice de decisões corretas.

Uma vez toda a equipe reunida, é hora de você equipar os membros com armas e munição, ou seja, os instrumentos que lhes permitirão entender a situação da companhia e suas necessidades e saber qual será a futura estratégia para passar pelos tempos difíceis. Eles precisam ter uma visão do todo, e não apenas conhecer suas áreas de atuação. Prepare-se bem para essa apresentação, pois ela é essencial para que a virada de mesa contra a crise dê certo. Cada passo deve ter sido estudado e ponderado, para que os questionamentos sejam respondidos quando feitos.

Não há nada mais frustrante do que uma tese que cai diante da primeira dúvida. São os famosos "raciocínios que não fecham". No PowerPoint parecem maravilhosos, mas no momento em que alguém se levantar e perguntar "e se chover?", "e se o dólar cair?", "e se o concorrente baixar o preço?" é que a solidez do raciocínio de fato será testada. Se você não souber indicar saídas para problemas tão facilmente previsíveis, vários sentimentos surgirão entre sua equipe, menos um: a confiança em sua liderança.

Todavia, se os principais desafios foram previstos e todos têm uma boa visão das questões das áreas alheias, instala-se uma eficiente dinâmica de comunicação vertical e horizontal. Como consequência, o nível de confiança interno do grupo tende a subir. Ninguém mais terá de "fazer tipo" ou ter assunto para as conversinhas de corredor depois que os relatórios, as planilhas e os números forem abertos. A transparência do negócio e o conhecimento da real situação da organização podem criar um ambiente de cumplicidade e de espírito de união entre eles, e de fidelidade de todos em relação à companhia.

Erros podem mostrar que as coisas estão melhorando

Chegou, enfim, o momento de agir. Lembre-se de que seu suporte, como líder, é primordial para o sucesso de seus subordinados e, como consequência, da empresa. Haverá equívocos, mas isso é um sinal positivo, mostra que as mudanças estão ocorrendo. Não tenha medo dos erros, não os reprima; eles são construtivos e necessários. Diga isso para todos. Muitas vezes, quem viu sua própria sugestão ser derrotada começa a trabalhar para que a proposta vitoriosa não dê certo. Essa atitude não pode ser admitida de forma alguma, e menos ainda num momento de dificuldade. Sabotagem merece ser punida com pena capital, ou seja, desligamento do quadro de funcionários.

Em cada área da empresa, os gestores devem desenvolver processos semelhantes. Buscar conhecer melhor suas equipes, avaliar aqueles que estão sob seu comando, montar seu grupo de elite para enfrentar a turbulência. É necessário também aproveitar esse momento de reformulações para deixar a estrutura mais leve, mais eficiente, mais confiável e mais competitiva. É hora, sim, de cortar aqueles que não têm comprometimento, os que não se esforçam, os que jogam contra.

Preserve a memória da companhia

Se for necessário demitir para melhorar a equipe, não vacile. Mas seja bem claro na conversa final. Não coloque, por comodidade, a culpa na crise, ou você estará perdendo uma boa oportunidade de fazer o funcionário entender os motivos de sua decisão e ainda estará plantando dentro dele a semente da revolta: "Por que eu fui demitido se a crise é igual para todos?". Ao ter a explicação das reais razões da demissão, aquele que foi desligado se sentirá menos mal, e a decisão parecerá justa para o resto do grupo.

Porém, cuidado para não demitir bons profissionais. Você pode estar jogando fora a munição mais preciosa de que dispõe para superar o período de turbulência. É essencial que preserve a memória corporativa, ou seja, a habilidade e a experiência acumuladas dos colaboradores. Se alguém estiver pesando demais no orçamento, tente antes de tudo renegociar. Em tempos difíceis, tudo pode e deve ser negociado. Converse, abra o jogo. Mostre

Sucesso é... superar encrencas!

que você quer continuar com ele, mas dentro do contexto atual isso comprometeria o resultado. Proponha, talvez, um corte de benefícios ou uma recompensa mais para a frente. Afinal, a fase complicada vai passar e tudo voltará ao normal. Com o apoio de bons profissionais, quando o furacão se for, você sem dúvida estará em uma posição melhor.

Todo esse processo em escala vai azeitar a máquina de sua organização. Todos os escolhidos, nos mais diversos escalões, se sentirão valorizados e com vontade de defender a bandeira da empresa contra os inimigos externos e os internos. Essa disposição não tem preço, e os resultados positivos logo começarão a surgir.

Principais tópicos do capítulo 3

- Uma boa equipe é a melhor arma para enfrentar a crise
- Aproveite a ocasião para deixar seu pessoal mais produtivo e competitivo
- Cuidado com os "ladrões" de plantão
- Não use a folha de pagamento para cortar custos, você pode estar dando um tiro no próprio pé
- Mas tenha coragem de demitir aqueles que não servem para continuar em sua empresa
- Os dez mandamentos dos guerreiros da crise
- Se faltarem talentos dentro da companhia, tenha coragem de contratar em plena turbulência
- Valorize os que foram escolhidos para que se sintam confiantes
- Crie um clima de cumplicidade no grupo, mostrando que os resultados serão de todos
- Dê bons instrumentos de trabalho para seus guerreiros
- Incentive todos os escalões a passar por processo semelhante

Capítulo 4

A CRISE E SUA EMPRESA

Numa situação complicada, o tempo de decisão torna-se dramaticamente mais curto. A tolerância para erros reduz-se a quase zero. Os olhares se voltam para você, e todos esperam suas orientações e decisões. O trabalho exige uma equipe treinada, sintonizada com os objetivos definidos e capaz de tomar decisões coordenadas.

Refletindo sobre essas frases, que usamos nos capítulos anteriores, podemos comparar uma empresa que passa por um grave período conturbado a um paciente internado na UTI, não é verdade? E você, o líder empresarial, certamente é, nessa metáfora, o todo-poderoso chefe da equipe médica sobre cujos ombros pesa a responsabilidade pela vida e a saúde do paciente.

Para lidar com pessoas e empresas em momentos críticos, não se pode agir às cegas. Tomar total consciência do problema é o primeiro passo para resolvê-lo. Deve-se, então, ter o máximo de controle possível sobre os sinais vitais do objeto em questão. Essa é a palavra mágica: controle. Nos hospitais, são monitorados os batimentos cardíacos, a temperatura, a taxa de oxigenação do sangue. Nas companhias, são os relatórios técnico-administrativo-contábeis que vão indicar ao gestor que decisões tomar em um momento delicado. Não adianta ficar no "eu acho", é preciso decidir com base no "eu sei", nos números dos relatórios e nas informações. Quanto mais relatórios gerenciais confiáveis e eficazes uma organização tiver à disposição e pragmaticamente utilizar, mais preparada ela estará para enfrentar e superar uma ruptura de equilíbrio.

Uma empresa que produz informações corretas sobre si mesma está mais apta a continuar e a crescer no mercado. Parece algo óbvio, não? No

Sucesso é... superar encrencas!

entanto, não é raro que líderes empresariais tenham apenas uma vaga ideia do que acontece além de sua mesa de trabalho. Portanto, a primeira atitude a ser tomada deve ser avaliar os recursos que você tem à mão. Caso eles não sejam inteiramente confiáveis e eficientes, será necessário desenvolvê-los e implantá-los em um espaço de tempo muito curto.

Eu já vivi as agruras de não ter informações confiáveis para tomar decisões. Isso aconteceu quando prestei serviços para uma companhia asiática de tecnologia. Atuando havia mais de dez anos no Brasil, ela se concentrava em fornecer produtos com marcas de terceiros, mas chegou o dia em que decidiu passar a atuar com sua marca própria e ampliá-la. Foi quando me convidaram para colaborar nessa estratégia.

A primeira dificuldade que enfrentei foi a ausência de um sistema gerencial integrado e de procedimentos de controle confiáveis. A organização vinha num ritmo forte de crescimento, acompanhando a expansão do mercado brasileiro de informática, não tinha tempo para parar e se organizar. Parte significativa das informações ainda era feita em planilhas Excel, sem a menor segurança e sem confiabilidade. Não era surpresa que ela não conseguisse se organizar para estruturar seu crescimento. Era uma falha grave essa ausência de controle. Havia gestores conscientes e bem intencionados, mas eles tentavam comunicar suas decisões a equipes sem as devidas ferramentas de execução. Ou seja, era chegada a hora de trocar as rodas da locomotiva com ela e todos os seus vagões rodando a alta velocidade.

Ter uma inteligência interna capaz de gerar informações confiáveis é de fundamental relevância não apenas para auxiliar o gestor e sua equipe a tomar decisões como também para medir os efeitos das mudanças adotadas. Sem isso, nunca se conhecerá o impacto de suas ações. Felizmente, a adversidade viria a ser superada. Logrei convencer os altos dirigentes a fazer um imenso investimento em tecnologia, na substituição de recursos humanos inadequados e na contratação de novos, e ao mesmo tempo implantar uma nova política de motivação e retenção de talentos. Nenhum grande desafio pode ser realizado sem as pessoas certas, que tenham informações precisas e imediatas. Desde então, a organização tem crescido e abocanhado pedaços significativos de mercado, inclusive em novos segmentos altamente competitivos.

Relatórios gerenciais e financeiros são como uma radiografia do estado em que se encontra a companhia naquele momento determinado.

Use-os como informação e subsídio para materializar suas decisões, depois os guarde para, mais tarde, poder comparar a situação antiga com a atual. Não há outra maneira de avaliar o nível de acertos e de erros de sua gestão.

Conhecendo bem a engrenagem

Se a primeira coisa a ser feita é conhecer sua empresa profundamente, a segunda é entender como funciona o negócio em si e o mercado em que você vai atuar. É preciso saber exatamente o que mais pesa em seu custo e quais são as principais variáveis que influenciam no resultado da companhia para atuar direto no ponto nevrálgico.

Vou dar um exemplo. Para as fabricantes de eletroeletrônicos, o que tem maior peso no processo produtivo é o valor dos componentes. A maior parte deles é importada, o que faz com que o maior risco para o negócio seja uma forte desvalorização da moeda corrente. Quando isso acontece, o custo dos componentes em reais dispara, elevando imediatamente seu preço de custo. A consequência é que o faturamento com as vendas não será suficiente para garantir a margem e repor o estoque.

Nessa eventualidade, não adianta sair correndo e aumentar os preços nas prateleiras da loja. Primeiro porque o revendedor não aceita e, depois, porque o cliente final não irá comprar seus produtos. É uma eterna queda de braço entre as forças mercadológicas, cada parte buscando preservar suas margens e minimizar potenciais prejuízos. No caso de uma significativa desvalorização cambial, terá de ser feita uma espécie de seguro que garanta o fornecimento de matéria-prima. Que seguro seria esse? *Hedge* Cambial. Esse é o caminho para se antecipar à crise e "segurar" a cotação do real pelo menos por um tempo mínimo até que se possa adaptar-se às mudanças. Claro que essa operação tem um custo que não é irrelevante, mas ela é vital para organizações que tenham uma forte dependência de insumos importados.

Uma experiência com *hedge*

Entre as várias formas de contratar um amparo financeiro contra perdas por câmbio, a que é mais praticada é o *hedge* dos passivos, ou seja, assegurar o câmbio das contas a pagar em moeda estrangeira. Mas quando precisei lançar mão de tal proteção, optei por fazer *hedge* das contas a receber e vendas futuras, o que era pouco compreendido por muitos, que se perguntavam: "O Wang é louco?". Os resultados mostraram que de louco eu não tinha nada, já que essa opção mostrou-se totalmente racional e lucrativa, tanto a médio quanto a longo prazo. Isso acontecia porque, uma vez assegurada a taxa futura de câmbio, esse *hedge* permitia à empresa em questão preservar sua tabela de preços, sem necessidade de elevar seus valores finais por vários meses — enquanto a concorrência era obrigada a reajustá-los.

O resultado, claro, era que a empresa ganhava *market share*[1] e fortalecia seu relacionamento com os clientes, pois honrava todos os pedidos já recebidos assim como as entregas futuras. Arriscado? Não necessariamente, apenas uma forma diferente de tratar o mesmo assunto. Passados alguns meses, as forças do mercado, inclusive as desvalorizações cambiais, se acalmavam e surgia um novo patamar de referência e de entendimento, permitindo a volta à normalidade dos negócios.

Às vezes, o que mais pesa em determinado setor econômico é um item que para muitos é banal e abundante, como o consumo de eletricidade. Na indústria de alumínio é assim. Sabendo disso, quem está no comando deve se precaver contra um súbito aumento da tarifa energética. Pode decidir construir uma usina para autogeração, para equilibrar a alta de preços, ou criar uma estrutura energética paralela, que possa ser alimentada com outro combustível, ou até ter algum tipo de *hedge* financeiro contra aumento de tarifas. Enfim, desenvolver uma estratégia para garantir que o oxigênio não deixe de chegar aos pulmões do empreendimento. E quase tão importante quanto isso é monitorar de perto o consumo de energia. Aumentou por quê? Dá para otimizar algo? É possível trocar os equipamentos ou o processo por outro mais econômico? Como responder a essas perguntas? De novo: analisando os dados de relatórios detalhados e confiáveis. E assegurar a eficiência em seu círculo produtivo.

Em outros ramos de atividade, como acontece com as empresas prestadoras de serviços, a peça mais custosa da engrenagem é a folha de pagamento. Sabendo disso, o gestor tem de se prevenir contra a perda de seu pessoal, assim como assegurar-se de que tem o número correto de pessoas e conhecimento para o planejamento definido. Se acredita

---

[1] Participação mercadológica.

que perder pessoal não é uma questão com a qual deve se preocupar em tempos de crise, você está errado. É nos períodos difíceis que seus melhores colaboradores vão embora, porque os concorrentes precisam, mais do que nunca, de uma mão de obra de qualidade. Além disso, as conturbações costumam se refletir diretamente na produtividade da equipe. Qualquer gestor sabe que funcionários preocupados produzem menos e com qualidade inferior.

Uma empresa tem de ser enxuta e redondinha

Vamos falar de agilidade. Como já foi dito diversas vezes, nos períodos difíceis o fator tempo fica muito curto. É necessário, então, decidir e agir com rapidez. Para isso, uma empresa tem de ter agilidade. Ela deve estar "enxuta" e "redondinha". O que quero dizer com "enxuta"? Que a companhia tem de ter só aquilo de que ela precisa. Nada mais, nada menos. Logo se percebe quando a estrutura está aquém do necessário, porque ela para de entregar os resultados de uma forma satisfatória e os funcionários passam a trabalhar sob intensa pressão e cobrança. Inevitavelmente, surgem os problemas de estresse, de saúde e de desentendimento no ambiente de trabalho.

Estresse e discussões são ruins, mas uma carga extra de serviço, ainda que seja um peso, não deixa de ser um "bom" peso. O significado disso é que há uma demanda grande que terá de ser atendida. Porém, quando a organização está mais gorda do que precisa ser, as camadas adiposas escondem as falhas e demora-se muito mais para percebê-las. Esse peso extra, além de se refletir em custos excedentes, faz com que a empresa perca agilidade e a capacidade de reagir no tempo justo e não consiga ser "redondinha", isto é, não consiga funcionar com a melhor relação custo-benefício. A companhia perde a maneabilidade necessária para fazer frente aos desafios trazidos pela tempestade da crise.

E como saber se a empresa está enxuta e redondinha?

Uma maneira é analisar se seu custo está alto comparado ao *benchmark* — dados estatísticos e experiências, públicas ou privadas, comparáveis — do mesmo segmento ou similar àquele em que sua empresa atua. No fundo, trata-se de uma outra etapa do conhecimento, ou seja, o conhecimento do mercado. Tendo relatórios gerenciais, operacionais e financeiros confiáveis, um gestor consegue saber qual é seu custo exato. Mesmo em relação a fatores que não dizem respeito diretamente à produção, como, por exemplo, o impacto sobre o orçamento de uma refeição no restaurante da empresa ou do vale-refeição distribuído aos funcionários sobre sua folha de pagamento.

É necessário ter um parâmetro de comparação — que é ninguém menos que o mercado — que indique se esse custo está alto demais. Quanto custa o transporte de seus funcionários? E o frete e o seguro de suas cargas? Você está gastando menos, igual ou mais do que seu concorrente com esses itens? Se for menos, talvez esteja gerindo melhor essa área. Ou quem sabe seu concorrente seja mais exigente nesse quesito. Se for igual ao praticado no mercado, você está gerenciando sua empresa de forma competitiva.

Todavia, se for acima, você deve entender o porquê. Caso contrário, poderá começar a perder a guerra contra a concorrência por causa do arroz e feijão servidos no refeitório. E, em qualquer das circunstâncias, revise seus custos e negocie sempre. O valor da logística, por exemplo, é algo que tem de ser discutido constantemente, pelo menos duas vezes ao ano. Em relação a outros itens, talvez a periodicidade seja ainda menor. Quanto ao arroz com feijão, é possível que haja empresas de *catering*[2] com condições melhores para você, com refeições até de qualidade superior.

Há outro custo do qual muita gente se esquece de cuidar, por parecer irrisório. Você sabe exatamente quanto está pagando por taxas de serviço para os bancos? Além de precisar saber, pois esse pode ser um gasto importante, tem de avaliar se está de acordo com os padrões de seu mercado. Um banco cobra 1 real; o outro, 70 centavos; e um terceiro, 2 reais. Você pode até decidir que vai usar o banco que cobra mais, mas tem de ter consciência de que está pagando mais caro e saber o porquê dessa escolha.

Quanto essa decisão estratégica vai onerar direta ou indiretamente seus custos? Sua operação absorverá esse gasto? Por que você precisa de um banco tão caro, quando os concorrentes conseguem funcionar com uma instituição que cobra menos da metade, e mesmo assim traz benefícios iguais ou até melhores? Eu sempre comentava com minha equipe de diretores que não me importaria em convidá-los para banquetes nababescos,

---

[2] Fornecimento de serviços alimentares.

regados a champanhe e caviar, desde que fossem despesas realizadas de forma consciente. Intoleráveis eram perdas e desperdícios ocorridos por falta de controle e incompetência dos profissionais responsáveis pelo cotidiano da companhia.

É óbvio que a necessidade de comparar-se ao mercado em busca da eficiência e da agilidade se aplica, sobretudo, ao *core business*[3] de sua companhia. Não seja condescendente consigo mesmo. Se você descobrir que uma empresa similar à sua, na Indonésia, consegue fabricar 20 mil produtos em um dia enquanto a sua só produz 10 mil, comece a perseguir a meta dos 20 mil, mesmo que pareça que está tudo funcionando bem. Não dá para confiar em reserva de mercado ou em real desvalorizado. Esses cenários mudam e, de um dia para o outro, os produtos da Indonésia poderão vir a disputar a atenção de seu cliente. Por isso, o ideal é, guardadas as devidas proporções, estar apto a ser competitivo local e mundialmente. Com essa mentalidade, você estará preparando sua empresa para enfrentar desafios com competência e ter cada vez menos surpresas pela frente.

Olho na folha de pagamento!

Não se esqueça também de avaliar de perto a folha de pagamento. Essa é uma área especialmente delicada. Todo mundo gosta de contratar, e ninguém quer demitir. Além disso, grandes equipes costumam representar grande status dentro da organização, por esse motivo gestores tendem a defender sua "tropa". Eles também querem ser considerados bons chefes, que conseguem bons salários para seus funcionários. Desconfie em dobro do que dizem os escalões intermediários sobre suas necessidades de pessoal. Investigue como funcionam seus concorrentes para ver se eles mantêm uma folha de pagamento similar à sua. Ou será que conseguem fazer o mesmo com salários mais baixos? Porém, mantenha a consciência de que sua empresa precisa estar competitiva para reter talentos que façam diferença, em momentos de tranquilidade assim como nos de dificuldade.

Insisto em que uma equipe de talento e competência é o maior patrimônio que uma empresa pode ter. Porém, uma equipe excessiva leva com muita rapidez até a mais sólida das firmas a considerável perda de

---

[3] A essência, a parte central de um negócio ou de uma área de negócios.

eficiência e a significativos prejuízos. É como aquele remédio milagroso que, na dose errada, ameaça a saúde do paciente. Procure propiciar sempre o melhor possível para seus empregados. Dê a eles uma boa remuneração, respeito, ambiente saudável, regras claras de sua função e possibilidade de crescimento profissional. Mas, se você dá o melhor, não aceite nada que não seja também o melhor da parte deles, sobretudo em comprometimento e produtividade.

Não é a hora para o marketing

Há uma área que é sempre atingida numa crise, e é sempre a primeira a ser cortada: marketing. Não tem jeito. Na fase difícil, a demanda cai, e não adianta investir em marketing porque você vai gastar, gastar e gastar, de olho em um mercado que não estará disposto a comprar. Em períodos de retração, o índice de confiança diminui e todos querem guardar dinheiro. Mesmo que você crie uma campanha genial, será muito difícil convencer as pessoas a desembolsar suas economias, a não ser que queira cortar em 50% o preço de seus produtos. E, pior, investimento em marketing é gasto para a contabilidade e afeta diretamente o resultado do balanço. É diferente de comprar uma máquina, que é um ativo e pode ser depreciada em cinco, dez, vinte anos. Uma campanha ou um evento representa despesa direta, que pesa no resultado contábil-financeiro.

Mais gente pode conhecer a marca, mas dificilmente essa divulgação vai se refletir nas vendas. O pessoal de marketing irá reclamar, mas sou obrigado a endossar essa visão de que não se devem fazer campanhas em momentos de turbulência. Concordo, no entanto, que despesas em marketing são investimentos — muitos dirigentes as consideram tão só como despesas —, mas será melhor maximizar tais investimentos nos momentos mais propícios.

O problema é de todos

Por último, uma postura que ajuda muito a garantir seu negócio e fazê-lo progredir quando uma crise passar é entender que todos da corrente mercadológica estão enfrentando problemas. Toda a cadeia que alimenta seu negócio está em crise, e não é bom para você que ela se rompa. Não é nada positivo que seu fornecedor quebre, e tampouco que isso aconteça com seu cliente. Por isso é fundamental ter habilidade e criatividade para sentar-se à mesa de negociação com eles.

A conturbação é uma hora muito propícia para renegociar com os fornecedores e também com os clientes. Por exemplo, no final de 2008, a matéria-prima para o setor de eletrônicos aumentou mais de 30%, devido à desvalorização do real. Foi uma crise específica dentro da crise maior dos derivativos financeiros. Como fazer para resolver essa situação? Não adianta tentar repassar integralmente esse aumento para o consumidor, porque ele não vai aceitar.

A líder no setor de microcomputadores atravessou um momento grave devido a esse problema: sua maior cliente, uma rede varejista, não concordou em pagar o preço pós-desvalorização, e por longas semanas relutou em realizar novos pedidos. Uma decisão dessas por parte de um cliente tão significativo tem o poder de afetar de forma muito séria o fluxo financeiro de qualquer empresa. Uma companhia pode ser grande, forte e ter amplos recursos, mas decerto enfrentará desafios para solucionar casos assim. A opção para a fabricante seria negociar com os fornecedores e com os clientes, buscar novos mercados e diminuir suas margens para evitar perdas ainda maiores. Ou, numa atitude mais subjetiva, negociar com seu principal cliente e contar com o espírito de parceria dele.

O equilíbrio delicado da moeda

A grande dificuldade é que, na crise, o cliente-revendedor sempre quer manter ou reduzir o preço, porque a demanda retraiu na ponta final, e espera que o fabricante absorva essa perda. Um fabricante de *notebooks*, por exemplo, fica espremido entre duas pressões. Por um lado, o fornecedor de componentes, que vende em dólar e quer receber em dólar, e do outro, o cliente, que compra e paga em reais. É preciso administrar esse conflito. Lidar, por exemplo, com os fornecedores lá da China, que não querem saber se o fabricante fatura em reais. Os chineses venderam as peças a 800 dólares e querem receber seus 800 dólares. No entanto, na hora em que o fabricante for colocar seus *notebooks* no varejo, a ninguém importará se a matéria-prima dele foi comprada em dólar. Se ele aparecer com uma nova tabela de preços, os grandes varejistas vão lhe virar as costas.

Uma das soluções, possível no setor de informática, é lançar sem demora um produto similar ou substituto, para o qual o cliente não tenha um parâmetro de preço na memória. Em geral, novos produtos, em novas "roupagens", têm custo de produção mais baixo devido aos avanços tecnológicos. Então você pode lançar uma novidade, com um preço mais adequado ao encarecimento da matéria-prima e compensar o que foi perdido no produto anterior descontinuado. O que era vendido por 900 reais é substituído por outro que é comercializado a 950 reais, com uma margem de lucro até maior do que a do produto anterior.

Competência, habilidade e racionalidade são fundamentais para negociar. E muito respeito ao lidar com seus parceiros de negócio, senão o feitiço poderá se voltar contra você. Um exemplo interessante é o caso de uma empresa brasileira exportadora de minérios de ferro. Ela construiu um relacionamento comercial que foi sempre questionado por seus clientes chineses, que aceitaram com resignação as condições comerciais impostas durante uma época em que havia uma enorme demanda por aço. Naquele período de bonança — apenas para uma das pontas, claro —, a empresa exportadora chegou a impor um aumento superior a 60% em seus preços... e em dólar! Quando veio a turbulência e a demanda retraiu, a empresa encontrou interlocutores resistentes a negociar, que levantaram (questionáveis) argumentos para postergar ou suspender o pedido de cargas já em curso, em alto-mar. Felizmente, após poucos meses, a demanda chinesa retornou fortalecida, e a exportadora conseguiu superar suas dificuldades. Foi uma lição aprendida, por sorte não muito amarga. Negócios bons para todas as partes têm vida longa. Não se deve querer ganhar sozinho neste mundo tão competitivo!

Treine seu jogo de cintura

Além da habilidade e da ética, há um fator que ajuda muito na hora de negociar: a criatividade. Muitas vezes saídas não convencionais representam excelentes opções. A indústria automobilística desenvolveu uma maneira de contornar a crise que é um bom exemplo disso.

Aqui no Brasil, existe o efeito tributário em cascata. Eu vendo para a empresa A, que vende para a empresa B, que vende para a empresa C. Nesse processo, cada firma envolvida recolhe impostos adicionais. Todos pagam PIS, Cofins, ICMS etc. Então, a empresa A poderia, perfeitamente, vender direto para C e evitar esses impostos em cascata. Porém, esse caminho pode eliminar a empresa B e destruir uma cadeia de distribuição estabelecida. Não é, portanto, uma boa solução.

O setor automobilístico achou uma excelente saída: as "promoções da fábrica" — ou faturamento direto ao consumidor —, nas quais o comprador adquire o carro no pátio da empresa, recebendo, inclusive, nota fiscal da montadora. Parece que a revendedora foi eliminada, mas se você olhar com atenção verá que quem efetiva o pedido e a venda são os vendedores das revendas das montadoras. É isso mesmo. Quem atende os clientes nesse tipo de promoção são ainda os funcionários das lojas. São eles que conquistam o cliente, realizam a venda, realizam a entrega do objeto vendido e recebem comissão pelo trabalho. Dessa forma, garantem o fluxo das vendas, mas reduzem o volume de impostos, tornando o produto mais acessível e competitivo. Todos saem felizes.

Ou seja, as montadoras, por saberem que não podem destruir seu canal de distribuição, que é um elo vital na cadeia produtiva, desenvolveram essa fórmula. O fabricante não tem condições de vender direto para o cliente final, portanto encontrou-se essa solução criativa e ética. Estratégia semelhante é incentivar as vendas diretas pela internet. O cliente entra no site, escolhe o modelo, compra, faz tudo pelo computador, mas na hora de retirar o carro, escolhe uma determinada concessionária. E, mais uma vez, é a concessionária que vai receber a comissão da venda, mesmo que seja uma comissão mais reduzida. Novamente o fabricante evita o imposto em cascata, mas não prejudica a cadeia de distribuição.

Exemplos similares se multiplicam em todos os setores da economia, trazendo soluções práticas e legais, beneficiando todas as partes do ciclo de consumo. O profissional brasileiro é altamente criativo e "tarimbado", busca soluções para fazer frente a tanta burocracia e obstáculos que fazem parte de sua rotina. Cada vez mais o profissional brasileiro é reconhecido no exterior, o que vem diminuindo o número de expatriados designados para atuarem aqui. O Brasil já se tornou celeiro de exportação de talentos habilidosos.

Receber, comprar, pagar

Por falar em começo, meio e fim, quero comentar sobre alguns elementos fundamentais no processo administrativo: receber bem, comprar bem, pagar bem.

Comecemos por essa área sensível que é a de contas a receber ou, em outras palavras, concessão de crédito. É preciso que se saiba trabalhar muito bem para distinguir quem merece crédito. Para decidir a quem você irá concedê-lo, terá de conversar muito e avaliar sempre.

No mínimo, a cada três meses é necessário entrar em contato com seus clientes principais, levantar informações e checar mais uma vez a situação deles. Afinal, nada garante que a saúde da firma continuará a mesma daqui a noventa dias. É fundamental pedir balancetes para o cliente, verificar seus números, a condição dele no mercado, consultar os órgãos de proteção ao crédito, e voltar a checar seu cadastro financeiro pelo menos de duas a três vezes ao ano. Em tempos de crise, todo esse trabalho vale ouro.

A análise e concessão de crédito a um cliente é uma missão da área financeira e, apesar da importância de receber informações da área comercial, deve ser feita longe dela. Por quê? Porque as duas têm interesses opostos. A área comercial, por definição, quer, antes de tudo, vender. O financeiro, que tem de garantir que a venda se transforme em receita com lucratividade e não em litígio futuro, muitas vezes tem a tendência a dizer não a um cliente duvidoso.

Se a tentação de vender sem ter as garantias necessárias for grande, pense sempre o seguinte: quando você vende bem, recebe o custo do produto e sua margem. Se deixar de vender, perde somente a contribuição da margem. Todavia, se você vender e não receber, perde o custo do produto, a margem e a possibilidade de ter vendido a outro potencial cliente. Assim, se um produto custa 800 reais e você o vende por 1.000 reais, tem uma margem de contribuição de 200 reais. Se ele não for vendido, você não ganhará os 200 reais. Mas se você vender 10 mil unidades pelos mesmos 1.000 reais e não receber, vai perder 8 milhões de reais de custos e não ganhará os 2 milhões de reais, que serviriam para cobrir uma série de outros gastos da empresa que não estão ligados diretamente à composição de custo do produto. Ou seja, são 10 milhões de reais a menos de receita, dos quais 8 milhões iriam direto para o prejuízo. Por isso, muito cuidado!

A arte de gerir o estoque

Comprar bem tem muito a ver com controle de estoque. Uma empresa mal gerida em seu estoque pode ir à falência. Estoque onera muito e deve ser extremamente bem conduzido. Um exemplo: você produziu bastante e está tranquilo porque estocou mercadoria suficiente para abastecer o mercado. Só que, de repente, seu concorrente lança um produto mais moderno e mais barato. E você fica com o temido mico em suas mãos! Aí vê-se na situação de ser obrigado a vender todo o estoque com prejuízo. E isso vai direto para seu resultado contábil.

Na outra ponta do controle de estoque está a matéria-prima. Dependendo do insumo utilizado, é preciso fazer o pedido ao fornecedor com muita antecedência, de às vezes até seis meses ou mesmo anos. Essa antecipação deve ser muito bem projetada. Se você, por exemplo, encomenda uma peça que será fabricada do outro lado do mundo e transportada até aqui por navio, estará gerindo seu estoque em diversas fases: haverá peças suas em início de fabricação; outras estarão sendo transportadas; sem falar naquelas que se encontrarão em sua fábrica esperando para entrar na linha de montagem; além das tantas que se acham em produtos acabados, em seu estoque de produtos finais, em despacho para seus clientes ou no estoque de seu cliente. Constata-se, assim, o longo ciclo envolvido nessa cadeia produtiva e de venda, e o capital de giro necessário para financiar todas essas etapas.

Trata-se de uma administração complexa. Significa que, para cada máquina que está sendo fabricada em sua empresa, há mais três, quatro, cinco circulando pelo mundo afora. Se você se apavorar e parar de encomendar, pode enfrentar problemas gravíssimos no futuro por falta de matéria-prima. E não adianta mandar vir de avião porque o preço do frete inviabilizará o produto. Por isso a necessidade de muita competência e cuidado para fazer essa gestão. E muito diálogo com o fornecedor. É minha opinião que, além de créditos concedidos erroneamente a clientes por contas não recebidas, uma política de estoque errada é um dos fatores que podem atingir com gravidade a saúde de uma empresa, com sério risco de levá-la à insolvência.

Calote? Nem pensar!

No final do ciclo, se tudo tiver dado certo, você conseguirá pagar tudo o que deve. Claro que saldar contas não é mais do que sua obrigação; porém, em certas ocasiões essa obrigação se torna tão difícil de cumprir! Afinal, há despesas a acertar com fornecedores, prestadores de serviço, funcionários, impostos... E calote é uma palavra que só deve existir no dicionário. Por isso, se não tiver condições de arcar com suas obrigações, vá imediatamente procurar seus credores. Quanto antes eles souberem de suas dificuldades, mais fácil será lidar com a situação. E tomara que você seja tratado com a mesma ética e consideração que dedicou ao relacionamento.

Após equacionar seus pagamentos, não pense que está tudo solucionado. Volte correndo para a empresa e comece a investigar para descobrir onde foi que você perdeu o controle e deixou o rombo acontecer. E mãos à obra para sanar o problema.

Muitas vezes não sabemos se a tempestade já se foi ou se outra está se formando para desabar a qualquer momento. Mas em todas as ocasiões você tem de conhecer e ter controle de sua própria situação e seu destino. Dá um trabalhão tudo isso? Dá! No entanto, só assim conseguirá sair da crise com uma empresa ainda melhor, mais eficiente, mais ágil e mais produtiva!

Principais tópicos do capítulo 4

- Tome as rédeas de sua organização, controle ao máximo o que acontece e desenvolva instrumentos de medição confiáveis
- Você também tem de conhecer em profundidade o negócio e o mercado em que está atuando
- O comportamento do câmbio muda quando menos se espera. Portanto, tenha instrumentos de respaldo financeiro
- Agilidade é uma qualidade insubstituível em tempos complicados. Para ser ágil, a companhia tem de estar enxuta e eficiente
- Ninguém consegue se livrar dos custos de produção, mas verifique se seus gastos estão na média do que é praticado no mercado

- Os marqueteiros que me perdoem, mas época de crise não é hora de fazer campanhas de publicidade

- Lembre-se de que cliente e fornecedores são seus parceiros; se eles quebrarem, sua empresa correrá o risco de ter o mesmo destino

- A coisa apertou? Converse aberta e honestamente com seus credores

- Seja criativo, pense fora da caixa, ouse...

Capítulo 5

IDENTIFIQUE SUA CRISE

No meio jornalístico existe uma máxima que diz: *"Good news, bad news"*, ou seja, as boas notícias são as más notícias. Esse ditado não surgiu por alguma preferência mórbida dos jornalistas em divulgar maus acontecimentos; ele vigora porque está provado que entre as boas e as más notícias, os leitores, ouvintes, telespectadores e "interneteiros" preferem as últimas. Por isso, sempre que surge uma conturbação, os meios de comunicação aproveitam para explorá-la sob todos os aspectos. E com muito exagero. São páginas e mais páginas com manchetes sobre a redução da demanda, a queda da atividade produtiva, o aumento do desemprego, o fim do mundo...

Essa postura da mídia traz uma consequência muitíssimo negativa: acaba gerando na sociedade a soturna convicção de que a crise existe e é grave, quando muitas vezes não é bem assim. Ou pelo menos não é bem assim para todo mundo. Entretanto, o pior de tudo é que quanto mais as pessoas acreditam na crise, mais elas se previnem, evitando ou adiando gastos e investimentos, e aí sim aprofundam a situação, pois esse recuo do consumidor é muito prejudicial para a economia.

Não estou recomendando que você não acompanhe o noticiário; muito pelo contrário, informação confiável é uma das armas mais eficientes para enfrentar fases complicadas. No próximo capítulo falarei sobre isso de uma maneira mais aprofundada. Porém é fundamental saber distinguir o joio do trigo, para não ficar desorientado em meio ao turbilhão de notícias.

Fique atento à sua fatia...

Tenha em mente algo muito importante: a mídia — jornais, tevê, rádio, internet, revistas, boletins informativos etc. — cobre todos os setores de atividades no mundo todo. E por ter aquele hábito entranhado de priorizar as piores notícias, são sempre essas as escolhidas para o alto de página ou para as manchetes dos telejornais e *home pages* dos sites informativos. Mas uma queda recorde da Bolsa de Londres ou a alta no preço do ouro em Hong Kong não necessariamente se refletirá em seu negócio. Pode ser um fato isolado, provocado por algum problema local. Ou não.

É necessário analisar e identificar que efeitos cada fato terá sobre sua empresa, para saber se essa crise é sua ou não. Não dá para esquecer que a economia, apesar de obedecer em grande parte a uma lógica própria, também é movida por decisões tomadas por pessoas que nem sempre usam a razão para se orientar. Aliás, quase ninguém consegue tomar decisões baseado exclusivamente na análise racional. Sempre há um componente emocional e subjetivo envolvido. Por isso, uma turbulência que abala o mundo todo pode não provocar sequer um arranhão em seu negócio.

Na crise que atravessamos a partir de 2007, acentuadamente depois de setembro de 2008, houve quebradeira e desemprego nas economias mais ricas do planeta, porém o Brasil, em comparação, sofreu pouco. Alguns setores não sofreram nada, outros, como o da construção imobiliária, foram premiados e entraram em forte ritmo de crescimento graças à abundância de financiamento destinada ao setor.

Um outro exemplo dos que atravessaram a crise impunemente é o mercado editorial. Durante todo o período da crise, as vendas de livros não apresentaram queda em um único mês sequer. Na crise, a leitura foi uma válvula de escape para relaxar ou uma fonte de aprendizado para fazer frente às dificuldades. No primeiro trimestre de 2009 — quando tudo indicava que as grandes indústrias automobilísticas americanas iriam fechar as portas —, registrou um crescimento médio de 30% sobre o primeiro trimestre do ano anterior. Dá para entender? Sem dúvida com um bom estudo, sim, mas à primeira vista parece não ter lógica alguma. Por isso, fique atento a seu mercado, e identifique com toda a clareza qual é sua crise.

...mas não se esqueça de vigiar o bolo

Você já percebeu que durante uma conturbação terá de empregar ainda mais tempo colhendo e analisando as notícias, por isso concentre--se em sua região e em seu setor. Lógico que é muito importante ter uma boa visão geral, mas não se aprofunde em áreas que não lhe dizem respeito. Entenda bem: quando digo "sua região e seu setor", estou me referindo de forma ampla, englobando toda a sua cadeia de produção. Se tem de transportar seu produto até o consumidor, o setor de combustível também é seu, mesmo que você fabrique roupas íntimas. Se seu cliente precisa de financiamento, a área de crédito financeiro também deve ser sua preocupação.

Para cuidar bem de sua companhia, em tempos difíceis ou não, é muito salutar adquirir o hábito de acompanhar as notícias sobre as áreas envolvidas em sua atividade. Isso é tão fundamental quando ter noção do estoque ou do fluxo de caixa. Do contrário, você poderá ser pego desprevenido, e, mesmo que tudo esteja aparentemente bem, um furacão vindo do outro lado do oceano levará seu empreendimento pelos ares.

Quem estabelece o ritmo é o nível de emprego

Alguns indicadores, como o nível de emprego, devem ser acompanhados por empresários de todos os setores. Se o desemprego começa a crescer, mais cedo ou mais tarde ele irá afetar sua empresa. Quanto mais próximo seu produto estiver do consumidor final, mais rápido será o impacto. Quem se dedica a algum ramo muito distante do cliente final pode ter sorte de que alguma manobra reverta o movimento antes que ele bata a sua porta. Mesmo assim, alguns pedidos talvez sejam cancelados.

O indicador do nível de emprego gera dois filhotes que também merecem atenção. O primeiro é o nível de confiança do consumidor. Ele é importante porque indica a disposição das pessoas em gastar, e está diretamente relacionado com a segurança que o indivíduo tem de que vai manter--se empregado pelos próximos meses. Sobretudo no que diz respeito a gastos que têm impacto sobre o orçamento da família e aqueles que dependem de financiamento.

A decisão de comprar uma almofada nova pode não depender muito da perspectiva que o consumidor tem do futuro, mas trocar os móveis da sala ou o carro tem tudo a ver. Quando se trata de fazer um empréstimo no banco, então, nem se fala. A menos que seja para cobrir outras dívidas, o cidadão só financia algo quando se sente confortável em relação a sua situação no trabalho. E é essa sensação que eleva ou derruba o nível de confiança do consumidor.

O segundo filhote é o nível de inadimplência. Esse é uma bola de neve que sai arrastando tudo o que encontra pela frente. O calote começa em uma ponta da cadeia e vai se propagando em multiplicação exponencial por toda a economia. O temor de não receber o dinheiro a que se tem direito só faz com que os credores procurem cada vez mais dispositivos de segurança. Como esses cuidados sempre provocam um enxugamento do crédito, um certo ar de recessão começa a pairar sobre todos. Os juros sobem, os prazos encolhem, as condições pioram e um grande número de cidadãos perde acesso a bens que até pouco tempo atrás podiam comprar. Quando o nível de inadimplência começa a subir é bom que você, como empresário, coloque as barbas de molho.

Esses indicadores são uma espécie de tomografia do consumidor final, de cuja saúde econômica todos dependem direta ou indiretamente. Que estratégias podem ser adotadas diante da variação desses índices é um tema de que vamos tratar mais tarde, mas a mensagem aqui é: fique de olho nesses sinais vitais.

Setores que afetam a todos

Além da saúde financeira do consumidor final, existem outros setores que costumam afetar a todos. O primeiro deles é a energia. Crise no setor energético é problema na certa, porque quando a energia fica mais escassa ela se torna mais cara. E todos dependemos de eletricidade, em maior ou menor grau. Em alguns setores, o custo com energia elétrica chega a representar mais de um terço dos gastos de produção. E nem toda eletricidade gasta é comprada a preço tabelado. Por isso, ainda que você não se transforme em um *expert* no tema, vale a pena sempre acompanhar a saúde do setor de geração e distribuição de energia.

A não ser que sua empresa disponha de sua própria geração de energia, sua relação com a energia elétrica é sempre intermediada por uma companhia distribuidora. Isso pode lhe permitir gastar menos na fatura. As distribuidoras cobram tarifas diferenciadas conforme a hora do dia, o que permite que você remaneje o cronograma diário de seu processo de produção com uma economia significativa no final do mês. Grandes consumidores também têm direito a comprar eletricidade no mercado livre de energia, o que dá ensejo a negociações interessantes.

O petróleo, claro, é também quase insubstituível para nosso estilo de vida atual. O Brasil é um país que optou pelo transporte sobre rodas, movido a diesel. Por isso, toda atividade produtiva, em algum ponto de sua cadeia, vai depender de petróleo. Com a autossuficiência conquistada pelo Brasil em abril de 2006, o mercado interno ganhou um certo grau de estabilidade, mas isso não significa que ele esteja imune aos movimentos do mercado global. Sendo assim, continua sendo preciso que você acompanhe o mercado interno e externo de petróleo, verifique suas tendências e faça projeções para sua própria organização, de acordo com seu grau de dependência direta em relação ao petróleo.

Evidente que alguns setores, além de necessitar do petróleo em forma de diesel, também o usam como matéria-prima para sua cadeia, mas esse é um caso à parte, que diz respeito a uma parcela específica da economia.

Mas todos precisam de dinheiro!!!

Existe um setor cuja saúde — ou falta dela — tem impacto sobre toda a economia: o financeiro. Queira ou não, todos dependem de crédito em algum ponto de sua cadeia. Mesmo que sua empresa, particularmente, tenha capital suficiente para bancar a própria operação, é certo que seus fornecedores e clientes dependem de financiamento. Por isso, problemas no setor financeiro são extremamente críticos e acabam por repercutir em todas as atividades econômicas. Até porque banqueiros são muito ágeis na hora de proteger seus negócios. As taxas de juro sobem, os empréstimos escasseiam e a liquidez diminui.

Qualquer problema no cenário financeiro pode, e na certa irá, afetar sua operação em algum ponto. Por isso, leia sempre as notícias sobre esse setor e, sempre que surgir algum alerta, prepare-se para dar apoio à parte mais vulnerável de sua cadeia. Talvez você tenha de enfrentar um recuo das vendas ou dificuldades de seus fornecedores. Vale a pena dedicar um pouco de seu tempo ao noticiário sobre o setor financeiro, porque essa informação é importante e vai permitir que você antecipe a solução para problemas que virão.

O ideal seria que seu negócio não necessitasse do auxílio dos bancos para funcionar ou de alguma ferramenta de captação no mercado de capital ou acionário, mas é muito difícil manter uma empresa sem nunca lançar mão de um financiamento. Muitas vezes o empréstimo vem porque a companhia está bem e decidiu expandir sua capacidade de produção, diversificar as atividades, modernizar a operação ou investir em pesquisa e desenvolvimento. Portanto, financiamento não quer dizer, necessariamente, mau desempenho do negócio. Mesmo em condições favoráveis, há a hora certa para solicitar os serviços dos bancos, por isso acompanhe sempre a situação do setor financeiro, a previsão de juros, as taxas de risco e os prazos.

Além de buscar recursos nos bancos, há também a opção do mercado de ações, ao qual organizações estruturadas podem recorrer para levantar capital a um custo bastante competitivo. A crise do mercado financeiro sem dúvida afetará a disposição de compra de ações. Ainda bem que a realidade brasileira mostra que há pessoas e entidades interessadas em investir nesse segmento. Várias empresas capitalizaram-se com sucesso no mercado acionário.

Manda quem pode...

Um tópico à parte é a questão das relações com o governo. Seja qual for seu ramo de atividade, ele é regulamentado por leis, decretos, portarias, códigos e outras normas criadas pelo poder público e aceitas pela sociedade. Isso é verdade em todo o mundo, e em especial em nosso país. Qualquer pequena mudança nessa coleção de regras pode representar grandes abalos — para o bem ou para o mal — dentro de seu empreendimento. Por isso, não há como escapar: é preciso acompanhar com extrema atenção todos os passos do governo.

Vivemos em uma democracia, na qual os governantes são eleitos diretamente pelo povo, o que quer dizer que eles têm de se submeter a seus eleitores. Por que estou dizendo isso? Para afirmar que, quando eles tomam uma decisão, você tem todo o direito de protestar antes, durante e depois, mas enquanto faz isso é bom estudar como se adaptar e como tirar proveito da mudança, porque ela tem grandes probabilidades de permanecer.

Darei dois exemplos que tiveram reflexos diferenciados. No final de junho de 2008, com congestionamentos imensos paralisando os paulistanos por horas dentro de seus carros, a Prefeitura de São Paulo decidiu restringir a circulação de caminhões no centro da cidade ao período noturno, das 21 horas às 5 da manhã. Com essa medida, o prefeito conseguiu aliviar — apenas um pouco — o trânsito na região central, porém obrigou quase todas as transportadoras do país a modificarem suas escalas de horário, assim como todos os clientes que recebem mercadorias dentro da região afetada pela restrição. Isso representou um aumento nos custos de muitos setores.

Nesse mesmo ano, em dezembro, preocupado com os efeitos da crise global sobre a economia brasileira, o Governo Federal concedeu redução da alíquota do Imposto sobre Produtos Industrializados (IPI) para a compra de automóveis. A decisão fez com que a previsão de queda de 19% na venda de carros em 2009 se transformasse em um recorde de vendas em março, com crescimento de 17% em relação ao mesmo mês de 2008.

O interessante nesses dois casos é que o aumento da venda de carros sem dúvida trará mais automóveis para as ruas de São Paulo, aumentando os congestionamentos. Com isso, o prefeito da capital paulista teve e terá de tomar novas medidas para diminuir a extensão e a duração da lentidão no tráfego, que impuseram maiores custos às transportadoras e a diversos outros setores. Talvez o mais prático, no lugar de tentar entender esse movimento de leis e suas consequências, seja ver em que ponto isso afeta seus negócios.

De olho no seu quintal

Ninguém mais questiona o fato de que a economia está completamente globalizada. Portanto, não seja você o único a duvidar. Mas também não leve essa constatação ao pé da letra. Por mais integrada que esteja a economia mundial, é sempre possível identificar quais são as regiões que mais afetam sua empresa. Mudanças climáticas têm a ver com seu negócio? Não? Então preocupe-se com elas apenas como cidadão do mundo, e não como empresário ou executivo. E as enchentes em Santa Catarina? Têm alguma relação com sua atividade? Você vende ou compra lá? E a gripe suína no México? Algum fornecedor mexicano tem papel relevante em sua corrente de produção? E o desemprego na Irlanda?

Reflita bem sobre os elementos integrantes de sua atividade, mapeie as regiões que têm relação com seu segmento e concentre-se nas informações que o afetam diretamente. Não se deixe levar por noticiários catastróficos de que a crise de um determinado país ou região abalará a todos. É claro que tudo está interligado, mas nem todos os acontecimentos terão reflexo direto e imediato sobre sua vida.

Assim como é importante acompanhar o noticiário para manter-se atualizado sobre tudo o que diz respeito a seu negócio, também é muito importante saber ler com olhos críticos o que a mídia estampa. Descubra quais são os veículos mais confiáveis, os profissionais mais competentes, os temas relevantes, e preocupe-se apenas com eles. O restante das notícias pode ser muito bom para você ler ou ouvir no final de semana, para discutir com os amigos, mas não para servir de base para suas decisões nos negócios.

Principais tópicos do capítulo 5

- •➡ A imprensa gosta de destacar as más notícias
- •➡ Não se deixe envolver pelo pânico disseminado pela mídia
- •➡ Acompanhe o noticiário de seu setor
- •➡ Acompanhe o noticiário de sua cadeia produtiva. Sua empresa vai sofrer se seus clientes ou fornecedores estiverem sofrendo
- •➡ Fique sempre de olho em três indicadores importantes: desemprego, nível de confiança do consumidor e inadimplência. São três bons termômetros do mercado de consumo
- •➡ Alguns setores afetam a economia como um todo e devem ser observados de perto: energia e combustível são os principais deles
- •➡ Os bancos gerenciam boa parte do dinheiro que circula no mercado, por isso também merecem muita atenção. Quando

o setor financeiro tem problemas, quase todo mundo também tem

➻ Apesar do neoliberalismo, o governo ainda tem o poder de afetar os mercados, para o bem e para o mal. Nunca perca de vista o que o governo está fazendo, em suas diferentes esferas

Capítulo 6

TER INFORMAÇÃO É FUNDAMENTAL. MAS É PRECISO SEPARAR O QUE É VERDADE DO QUE NÃO É

Épocas de crise costumam deixar muita gente com os nervos à flor da pele. É natural e compreensível. Mesmo sendo um momento repleto de oportunidades, é também quando o índice de mortalidade empresarial se acelera. Para quem não está preparado, esses desafios podem surgir como a figura mal-assombrada daquela velha senhora vestida de negro e carregando uma afiada foice nas mãos. Tchan! E lá se vão empresas, cargos e salários para o além.

Mas como estar preparado e espantar o pânico em uma época de desafios como essa? A resposta é: ter sempre informações, muitas informações. A verdade é que nenhuma crise chega de repente. Elas sempre dão pistas de que estão vindo. Foi assim com a bolha da internet, em 2001. E com a crise de crédito nos Estados Unidos, em 2007, que se aprofundaria em 2008. E será assim em todos as outras fases de dificuldades econômicas.

Quem vinha se mantendo bem informado desde os tempos da bonança, lendo jornais, revistas, acompanhando a internet e o noticiário na tevê, precavendo-se, não foi pego de surpresa quando as complicações chegaram — o que não significa que tenham conseguido escapar ilesos dos problemas. Já os que só acordaram no meio da tempestade não sabiam para onde correr. Sempre que falo sobre isso, me vem à cabeça a inacreditável reação que milhares de norte-americanos tiveram, na década de 1930, diante de um simples programa de rádio.

Os marcianos estão chegando

Era uma emissão inspirada no livro *Guerra dos Mundos*, do escritor inglês H. G. Wells. Nele é narrada a invasão da Terra por marcianos que evaporavam tudo que viam pela frente com um poderoso raio de energia. O ator e diretor Orson Welles fez o roteiro imitando uma cobertura jornalística. Atores encenavam entrevistas com autoridades e havia o som de sirenes. Equipes "enviadas" ao local — no caso um subúrbio em Nova Jersey — descreviam, excitadas, a destruição imaginária. Alguns desses repórteres chegaram a "morrer" ao vivo.

Os que estavam ouvindo a rádio desde o início se divertiram. Porém, os que sintonizaram a emissora depois que a "invasão" teve início acreditaram que tudo era verdade e foram tomados pelo mais puro terror. Muitos colocaram a família no carro e fugiram sem rumo. Outros juraram ter visto ao longe as explosões e sentido o cheiro do gás venenoso espalhado pelos marcianos. Um grupo, mais corajoso, destruiu a tiros uma inocente caixa d'água que parecia ter a forma de um disco voador.

Falta de informação somada a tensão gera pânico. E eu digo que é disso que é preciso escapar. Saber o que está acontecendo e o que pode vir pela frente nos torna mais confiantes. Bem informados, temos como tomar decisões de maneira firme e serena.

Todo mundo precisa de um jornalista confiável

Mas é necessário ler o noticiário com um pé atrás. Há jornalistas e jornalistas. Testar a credibilidade e descobrir o índice de acertos deles não é algo que se consegue de um dia para o outro. O ideal é acompanhar as opiniões, informações e previsões desses profissionais por algum tempo e guardar na memória quantas vezes elas são confirmadas pela realidade. Uma tarefa trabalhosa, sem dúvida, mas vale a pena.

Depois que você escolher o jornalista e o analista de conjuntura de sua confiança, esqueça os Orson Welles da vida, que só servirão para deixá-lo alarmado. De preferência, fique com os que acompanham sempre seu setor de atividade. O conhecimento e a experiência deles são maiores. E, quando esses começarem a dar os primeiros sinais de perigo, fique alerta.

Quanto mais cedo você farejar a crise, mais tempo terá para preparar sua empresa para os tempos difíceis.

Eu leio pelo menos três jornais todos os dias. Arranje, você também, tempo para ler. Não importa se seu tempo não é tão vasto assim ("Ou eu trabalho ou fico lendo as notícias!"). Não há escolha, é necessário manter-se informado. Leia à noite em casa, ou enquanto almoça. Leia no banheiro. E não só jornais. Notícias em sites da internet, revistas nacionais ou estrangeiras, que costumam dar um panorama global da crise que os jornais diários nem sempre fornecem, são essenciais e lhe darão uma visão muito mais ampla, inclusive da situação da economia brasileira.

Se seu negócio envolve, por exemplo, tecnologia, leia relatórios, pesquisas, estudos, dinâmicas de indústrias. A leitura deve ser tanto de temas genéricos quanto de assuntos específicos do negócio. Os jornais trazem as grandes manchetes; são as publicações setoriais que permitem um mergulho mais profundo nos desafios de sua área de atuação. Há empresas especializadas em fornecer *clippings* com notícias específicas de diversos setores. Contrate esse serviço.

Todavia, é preciso ter sempre em mente que as informações que você terá a partir da leitura de jornais, revistas e internet não o colocarão à frente de ninguém. Afinal, elas estão à disposição e ao alcance de todos. O mérito delas é não deixar você para trás, desmuniciado em uma reunião. Ou pior: desinformado a ponto de acreditar em qualquer boato; até que marcianos vão invadir sua empresa e acabar com seu negócio.

O que irá de fato permitir que você, mesmo bem informado, esteja à frente de seus concorrentes é o relacionamento com banqueiros, assessores, pessoas do mercado, os contatos que você construiu ao longo da sua trajetória profissional. Enfim, seu *networking*, sobre o qual falaremos um pouco mais à frente.

Em terra de cego, quem lê e desconfia é rei

Pela experiência que tenho com empresários brasileiros, percebo que são poucos os que têm o hábito de ler. Os grandes, que dirigem empresas multinacionais ou de forte peso na economia brasileira, na certa estão lá porque se mantêm bem informados e leem disciplinadamente todos os dias.

Os envolvidos em empreendimentos pequenos e médios folheiam no máximo um jornal por dia. É muito pouco. O panorama geral é, portanto, ruim. Por outro lado, no entanto, isso lhe dará uma grande vantagem competitiva, a partir do momento em que você buscar toda informação disponível e cultivar o saudável hábito da leitura.

Mas atenção. Obter informações é bom, porém elas só terão valor se puderem ser transformadas em dados úteis para seu negócio. As notícias, hoje, vêm de todos os lados. Muitas estão redondamente equivocadas, outras são lixo, sem a menor utilidade. É preciso saber filtrá-las, separar o que é joio do trigo, e isso não é tão simples assim.

Comparando, por exemplo, as notas fornecidas pela televisão àquelas encontradas na internet, vemos que a rede mundial tem a grande vantagem de ser uma mídia ativa, quase imediata. Uma notícia que você vê em um site pode ser confirmada em vários outros lugares. Entretanto, isso não garante que ela esteja correta. Há muita especulação, erros também. Os mantenedores dos sites costumam copiar o que os concorrentes dizem. Os concorrentes, por sua vez, fazem o mesmo. No final, ninguém sabe de onde veio a informação.

Se uma notícia parece muito inusitada, como, por exemplo, a de que o Banco Central decidiu liberar completamente o câmbio, dê um jeito de checar sua veracidade. Ligue para seu banco ou uma casa de câmbio. Você ouviu dizer que o limite de peso para viagens ao exterior agora é de noventa quilos por passageiro? Qualquer agente de viagem ou companhia aérea poderá confirmar isso ou não. É preciso ler muito, mas também investigar, filtrar, discutir e decidir o que tem relevância para você. Use o bom senso. Qual site é mais confiável? O da BBC, do jornal *O Estado de S. Paulo*, da *Folha de S. Paulo*, do *Globo* ou o da Wikipédia, uma enciclopédia eletrônica em que qualquer internauta pode escrever sobre o assunto e da forma que lhe der na cabeça?

Quem resiste a um carinho?

Cultivar um relacionamento saudável com jornalistas ou profissionais especializados de determinado segmento poderá lhe dar a oportunidade de obter algumas informações... digamos... privilegiadas. Nas épocas de turbu-

Ter informação é fundamental. Mas é preciso separar o que é verdade do que não é

lências súbitas na economia, as empresas jornalísticas também enfrentam águas agitadas. Por conta de negociações ou interesses a serem preservados, elas nem sempre se sentem à vontade para publicar todas as informações que apuram. Assim, muitos dados que podem ser de seu interesse ficam flutuando à espera de um ouvido que os queira capturar.

Se você é visto como uma fonte de informações em potencial pelos jornalistas, existe uma relação de confiança mútua; por que, então, não pode ser você o depositário dessa informação privilegiada? Esse é um relacionamento que interessa às partes envolvidas. E você, de seu lado, deve retribuir a gentileza fornecendo informação a seu interlocutor.

Apostando em relações saudáveis com a imprensa, o quinto poder, eu reservava agenda para me encontrar com jornalistas da área econômica e de tecnologia. Quando chegava a alguma cidade de outro estado, convidava três, cinco jornalistas de destaque para um evento pessoal comigo. Eles apreciavam a atenção. Poucos já haviam se encontrado com o presidente de uma multinacional em carne e osso, dedicando-lhes atenção, pedindo-lhes opiniões. Ficando felizes, retribuíam com informações valiosas sobre o mercado local, escreviam boas notícias sobre a empresa. Eram conquistados pela própria vaidade. Uma relação de troca: você os privilegia e, por sua vez, eles passam a privilegiá-lo, e isso é muito positivo. Dê-lhes seu cartão de visita pessoal, diga que, se quiserem escrever alguma matéria, tirar alguma dúvida, você está às ordens. Na maior parte das vezes, eles não ligam, mas sentem-se prestigiados. Afinal, dali em diante passam a ter uma linha direta com o presidente de uma multinacional.

Em todos os meus anos de atuação em multinacionais, só houve um caso de uma notícia ruim. O jornalista criticava um produto que, de fato, apresentava um defeito de projeto. Mas, mesmo nessa ocasião, ele deu à empresa a chance de ser ouvida, e com destaque, na mesma reportagem em que afirmava que o produto tinha defeitos. Menos mau. Essa deferência foi fruto de um relacionamento saudável, da credibilidade que eu passava e da maneira atenciosa com que tratava aqueles profissionais, um relacionamento construído ao longo dos anos, com confiança mútua e dedicação.

Fala-se muito da imprensa como uma entidade isenta, sempre focada no interesse público. Embora seja verdade, isso não faz com que os jornalistas, editores e diretores dos jornais, revistas e outros órgãos de mídia, enfim, aqueles que fazem e aprovam as notícias sejam diferentes dos demais seres humanos. Eles gostam de ser agradados, de se sentir importantes. Duas vezes por ano, eu costumava convidar três editores de órgãos de imprensa para visitar feiras e instalações nos Estados Unidos e na Ásia. Eles viajavam durante quatro dias, conheciam os dirigentes mundiais do grupo empresarial, recebiam deferências e informações "quentes" para escrever seus artigos. O custo disso para uma corporação não é relevante. Já os resultados, na forma de artigos de alta credibilidade publicados, são imensuráveis. Você deve fazer o mesmo em sua companhia: cultivar um relacionamento saudável com os formadores de opinião.

Na construção de relacionamentos, nada deve ser pedido em troca. Seja prático, mas não imediatista. No entanto, como você produz notícias, em algum momento será presenteado com alguma informação importante para seu negócio. É importante dedicar tempo, por exemplo, para acompanhar pessoalmente os jornalistas em uma viagem. Algo muito útil também são os clubes de imprensa patrocinados pelas companhias com reuniões periódicas do tipo "fale com o presidente". Outra sugestão é, sempre que possível, reunir os profissionais que cobrem matérias em sua área de atuação para um encontro informal. Ofereça um jantar ou mesmo um churrasco no final de semana, por que não? Vá relaxado e com disposição. Conquiste suas fontes. Você receberá em retorno informações preciosíssimas.

Amigos no Palácio

Relacionar-se com jornalistas que tenham bom trânsito pelos ministérios em Brasília é um grande trunfo. O Brasil, como já falamos, é um país em que o governo tem uma grande presença na economia. Em setores como remédios, telecomunicações e transporte aéreo, por exemplo, o peso do governo é tão grande quanto foi na área de informática há alguns anos. Portanto, é preciso ter dados antecipados e privilegiados sobre as intenções e os movimentos do governo. Atenção, no entanto: informação privilegiada não significa uma atuação antiética.

Ter um jornalista amigo e confiável à mão que lhe dê uma notícia da Esplanada dos Ministérios um dia ou uma hora antes de ela chegar aos jornais é uma enorme vantagem. A não ser que você escolha, para antecipar os movimentos do governo, o *Diário Oficial da União*, o *Diário Oficial do*

Ter informação é fundamental. Mas é preciso separar o que é verdade do que não é

Estado e o *Diário Oficial do Município* como os três jornais que você vai ler todos os dias. Mas isso não faz sentido.

Principais tópicos do capítulo 6

- •➡ Em épocas conturbadas, o pânico é o pior inimigo do empresário
- •➡ Crises na economia nunca chegam da noite para o dia. Quem acompanha para valer o noticiário sabe que elas vêm vindo
- •➡ Avalie os jornalistas e analistas que mais acertam e confie em seus palpites
- •➡ Reserve, religiosamente, uma parte do dia para se manter informado. Leia no carro, em casa, no almoço, no banheiro
- •➡ Leia tudo o que tem a ver com seu negócio: jornal, revista, internet, relatórios setoriais, relatórios técnicos
- •➡ Não acredite em tudo o que está escrito. Faça sua pesquisa, tire sua própria conclusão
- •➡ Mantenha um bom relacionamento com jornalistas, eles podem fornecer informações exclusivas para você
- •➡ Em resumo: o noticiário é uma excelente arma para combater a crise, basta saber aproveitá-lo em seu benefício

Capítulo 7

SEM UM *NETWORKING* EFICAZ NINGUÉM VAI LONGE

Não tenha ilusões. Quando você decide construir seu *networking* — a rede de relacionamentos que trará informações, oportunidades, ajudas inesperadas e contatos fundamentais para seu negócio —, tem de abrir mão de alguma coisa. E, em geral, o que será sacrificado é sua qualidade de vida, o tempo com a família ou com os filhos. Vivemos num processo contínuo de escolhas e de definição de prioridades, e construir um *networking* eficaz exigirá dedicação e sacrifício.

Montar uma rede de contatos não é ficar mandando e-mails ou telefonando para as pessoas. Isso não funciona. Quem age assim e pensa que tem uma rede de relacionamentos estratégicos logo descobrirá — quase sempre quando mais precisar dela — que, no final das contas, não tem muita gente com quem contar. Tão importante quanto ter esta ou aquela pessoa em sua agenda é seu nome constar também na agenda dos outros. O *networking* é uma construção, peça a peça, dia após dia, baseada em interesse recíproco, respeito e credibilidade. Ninguém tem de se transformar em um trabalhador fanático, sem vida pessoal. Mas a verdade é que construir um *networking* competente exigirá empenho de seu tempo e, muitas vezes, de recursos. E o tempo é único para todos, não pode ser multiplicado, tem de ser domado e administrado. Para conquistar a liderança e mantê-la, é imprescindível que você deixe de lado algumas coisas, que pague um preço.

Reserve seu tempo para atividades "improdutivas"

Calculo, por minha experiência numa realidade tal qual a nossa, que um executivo ou empresário em uma posição-chave tenha de dedicar pelo menos 20% de seu tempo a atividades improdutivas, mas necessárias.

Sucesso é... superar encrencas!

Quando eu digo improdutiva, quero dizer não ligada à ocupação principal da empresa, à produção. Mesmo "improdutivas", essas atividades são necessárias para construir e conservar uma rede de pessoas com quem trocar informações, apresentar oportunidades e servir como seu avalista diante do mercado.

A necessidade de dedicar tanto tempo assim a empreendimentos sociais é uma característica brasileira, latina, pode-se dizer. Isso se explica em grande parte pelo fato de a ingerência do governo na economia ser muito maior por aqui do que nos países mais desenvolvidos. Em terras brasileiras, é preciso ter um certo trânsito com as autoridades. Em países como Estados Unidos, Japão, Suíça você não teria de se preocupar tanto em cortejar funcionários públicos ou ir a recepções e eventos. Ali, talvez só 5% de suas atividades tivessem de ser voltadas para isso. Ou menos. Sobre esse assunto, vou falar mais à frente, ainda neste capítulo.

De todo modo, seja na Alemanha ou na Colômbia, na China ou na Grécia, em todas as partes do mundo um bom *networking* vale ouro. Ele abre portas que, para a maioria, estão sempre fechadas. Serve de socorro para os momentos difíceis. Na hora em que você sente que é possível crescer, o *networking* pode fazer sua companhia dar passos muito mais largos do que seria capaz apenas com seus próprios esforços e recursos.

Acho que já o convenci de que ter um *networking* é uma boa coisa. Mas como construí-lo?

Como afirmei, o *networking* demanda dedicação. Quanto antes você começar, mais sólido ele será. E quando digo "quanto antes" é bem cedo mesmo: na infância, quando conhecemos aqueles amigos que vão nos acompanhar — pelo menos parte deles — por toda a vida.

Na rede de contatos cabem três tipos de relacionamentos: o *networking* sentimental, o *networking* de puro e simples interesse e o *networking* objetivo, em que os dois primeiros podem se misturar.

Mesmo tendo vindo aos 8 anos de idade para o Brasil, um país de hábitos e costumes completamente diferentes daqueles de minha Taiwan natal, fiz e mantenho até hoje vários amigos de infância. Se os tenho até hoje é porque os cultivei. Não existem amizades, por mais profundas que tenham sido, capazes de sobreviver para sempre à distância e à indiferença.

Mesmo que você não tenha muito tempo ou os assuntos em comum já estejam rareando, é fundamental marcar um almoço ou telefonar para perguntar como anda a vida de seus velhos amigos, descobrir outros interesses e afinidades em comum. Mostrar-se disponível, caso eles necessitem de algo — mesmo que seja apenas um bom ombro para desabafar. Além do fato de que todos nós precisamos da amizade e do apreço dos demais, cultivar antigos relacionamentos mantém a confiança mútua. E ser confiável, experimentar e ser aprovado em testes da vida e ter credibilidade são artigos valiosos em uma rede de relacionamentos.

O *networking* de interesse, como o nome diz, é aquele em que o que aproxima os envolvidos é a perspectiva de terem vantagens — informações ou contatos — que os beneficiem mutuamente. No entanto, esse tipo de relação também exige cuidados e atenção. Tenho dois bons exemplos de pessoas que cultivam com competência e profissionalismo suas redes de interesse. São personagens envolvidos com política, uma área em que o *networking* também é essencial. Seus perfis são antagônicos; um tem um estilo chamativo, quase espalhafatoso. Outro é discreto e atua nos bastidores.

"Estive em Paris e me lembrei de você"

O primeiro: político de projeção nacional, ex-prefeito de São Paulo, governador de estado e candidato a eleições presidenciais, esse personagem soube compreender e usar com competência o potencial da vaidade e do orgulho humanos em seu favor. Nunca se separava de sua agenda, na qual tinha anotados os endereços daqueles que lhe podiam vir a ser úteis como cabos eleitorais em tempos de campanha ou, na Assembléia ou na Câmara, nas votações em que tinha interesse.

Quando viajava para o exterior, não deixava de mandar um cartão-postal ou mesmo de telefonar para um grupo pré-selecionado, no qual sempre havia um prefeito aparentemente inexpressivo de uma pequena cidade do interior:

— Meu querido, estou ligando de Paris porque me lembrei de você. Como estão as coisas por aí?

Em outras ocasiões, calhava de ter um aniversário de algum modesto político anotado na agenda:

— Meu caro, interrompi a reunião aqui em Londres para lhe escrever este cartão desejando-lhe felicidades. Parabéns.

Não é preciso muita imaginação para adivinhar o efeito que isso produzia naqueles homens, em seus familiares, nos vizinhos... Com certeza, chegavam a colocar o cartão-postal em uma moldura, e seriam fiéis à velha raposa política até o fim, agradecidos pela surpreendente atenção e consideração que receberam. Assim, ele ia construindo e solidificando seu *networking*.

"Luís me pediu um favor..."

Com um perfil absolutamente discreto, quase invisível, um amigo meu controla seu *networking* com o rigor de um contabilista. Ele é meu segundo exemplo de *expert* em rede de relacionamentos. Aliás, discrição é uma qualidade obrigatória para quem quer preservá-los. Em sua agenda estão anotados com todo o rigor os nomes de todos os contatos feitos, quem apresentou a pessoa, os favores solicitados e os benefícios que foram propiciados em suas passagens pelos gabinetes oficiais. Com a ajuda de sua equipe, ele, que já serviu a dois governadores e a um prefeito de São Paulo, anota: "Luís, que me foi apresentado por Wang, solicitou-me o seguinte favor (...)" ou "Luís, que me foi apresentado por Wang, me ajudou a resolver a questão do (...)".

As datas estão lá, os contatos também. É um ótimo exemplo de como organizar uma rede de *networking* de uma maneira clara, pragmática e documentada. Não se deve apenas confiar na memória. E não há nada de antiético nesse comportamento. É uma relação de interesses. Profissional. Não é preciso mostrar essas anotações para ninguém ou dizer que você as faz. É um registro pessoal, no qual devem também constar os eventuais escorregões ou maus comportamentos de alguém que se envolva em seu *networking*.

Além dessa habilidade, esse meu amigo é famoso pelas frases que usa para resumir seu estilo de montar uma rede de relacionamentos. Duas das minhas preferidas: "Eu nunca me arrependo do que não falei"; e: "Que seus desejos sejam os meus desejos". Quanta discrição e mestria.

Esse é um cuidado que se deve tomar. Sua rede de relacionamentos deve ser tratada com o mesmo esmero com que você cuida dos negócios de sua empresa. Ou melhor, até com mais carinho e atenção, pois um *networking* vai acompanhá-lo por toda a vida e servirá como um porto seguro diante das imprevisíveis reviravoltas do destino.

Os amigos dos amigos

Há ocasiões em que se torna inevitável, em uma rede de interesses, que você seja solicitado — ou julgue adequado — a prestar serviços e favores para os amigos, ou amigos de seus amigos, usando seu *networking* pessoal. Esse é sempre um momento delicado. Lembre-se de que se lançar mão dos contatos que cultiva com tanta dedicação para apoiar alguém que não é seu conhecido próximo, sua rede de relacionamentos irá prestar os serviços solicitados porque confia em você. Em outras palavras, você está validando, diante de seu *networking*, o caráter, a competência e a seriedade dessa pouco conhecida pessoa. Por esse motivo, qualquer comportamento duvidoso poderá prejudicar sua imagem.

Eu tive experiências boas e ruins ao atender a amigos de pessoas que faziam parte de meu *networking*. Uma experiência negativa foi com alguém (a quem chamarei de "Mr. Fak", por analogia próxima a uma palavra em inglês) que acreditei ser confiável e parceiro e que, após ter sido acolhido de braços abertos em minha rede de relacionamentos, mostrou-se extremamente desonesto e nocivo. Gente assim costuma emitir sinais, fáceis de identificar, de que não é flor que se cheire, mas dessa vez fui incapaz de fazer uma avaliação correta por uma falha pessoal, num momento de fragilidade emocional. Vou explicar aqui o que aconteceu, pois acredito que a situação que vivi é exemplar.

Nenhum de nós está livre de cometer perigosos erros de julgamento, como esse em que incorri, que podem arranhar um *networking* montado com todo o cuidado ao longo dos anos.

Um falso amigo

Em 2007, depois de 21 anos de casamento, eu me desquitei, um processo dolorosíssimo para mim. Felizmente, recebi a solidariedade e o carinho de muitos de meus bons amigos. Mas, como fiquei emocionalmente abalado,

Sucesso é... superar encrencas!

tornei-me mais acessível a novas amizades, e acabei deixando que pessoas se aproximassem de mim com menor espírito crítico.

Umas dessas pessoas, um recém-conhecido, era Mr. Fak. Ele se fingiu de amigo, tinha carisma, exteriorizava religiosidade, demonstrava ética a todo instante. Fiquei grato pelo que considerava uma atitude de legítimo companheirismo. Em várias ocasiões, Mr. Fak me procurou, dizendo que estava disponível financeira e profissionalmente, buscando desafios, desejoso de aprender comigo para atuarmos juntos em alguma operação. Na ânsia de ajudá-lo, apressei-me a apresentá-lo a alguns contatos. Consegui para Mr. Fak um excelente contrato de serviços numa empresa de eletrônicos. Os dirigentes eram meus amigos. Confiavam em mim.

Pouco depois, comecei a receber sinais de que havia algo estranho nas atividades de Mr. Fak. Conhecidos me alertaram de que ele estaria envolvido em alguns negócios suspeitos, tinha atitudes questionáveis. Não lhes dei importância. Acreditava sem restrições na honestidade do Mr. Fak. Jurava que ele era meu amigo, pois me recebia em sua casa, com seus familiares. Não havia dúvidas de que aquelas eram fofocas motivadas pela inveja.

Mas os alertas eram insistentes. Surgiram provas incontestáveis. Ponderei e cheguei à conclusão dolorosa que tanto queria negar. Tardia, é verdade, mas, para minha imensa sorte, parecia ser ainda possível consertar os estragos em meu *networking*. Assim, alertei imediatamente meus amigos sobre meu equívoco.

— Essa pessoa que lhes apresentei foi um erro — eu disse. — Peço desculpas, e acho melhor vocês se afastarem dela.

Duas horas depois, me ligaram:

— Wang, você tem credibilidade conosco. Por isso, desligamos Mr. Fak como fornecedor de nossa empresa.

Fiquei aliviado. Era o que devia ser feito.

Semanas depois, recebi outra ligação deles:

— Você tinha razão, Wang! Ele não era confiável.

Mr. Fak causou prejuízos, mas, felizmente, foi possível minimizá-los e encontrar soluções razoáveis para sanear a questão. Por sorte não tinha sido tarde demais.

Um fato como esse pode ser catastrófico para sua credibilidade. É um *networking* negativo. O que impediu meus amigos empresários de suspeitar que eu estaria secretamente envolvido nessa desonestidade? E a falha, é preciso admitir, foi minha. Quem apresenta alguém para seus contatos está avalizando o apresentado. É óbvio que Mr. Fak se valeu de minha confiança para utilizar meu *networking* em seu proveito. Porém, como resolvi o problema com meus amigos? Mantendo-me em contato com eles, mostrando que estou solidário, que o assunto não sai de minha cabeça.

Num caso assim, ouça com humildade as queixas que seus contatos vierem a fazer e prove sua boa vontade, sua boa-fé.

De todo modo, é uma situação dificílima.

Pintura nova

Por outro lado, a boa experiência que tive em colocar meu *networking* a serviço de terceiros parecia, no início, ter tudo para dar errado. Ao longo de muito tempo, desenvolvi conhecimento com dirigentes da Polícia Federal. Um dia, um grande amigo meu, da área de construção civil, telefonou pedindo ajuda. Um amigo dele, um italiano a quem eu conhecia mas com quem não simpatizava, havia sido preso a pedido do governo italiano, para extradição por uma questão fiscal.

— Wang, o italiano está preso, não consegue falar com o advogado nem ver a esposa. Você conhece gente na Polícia Federal... Será que não pode me dar uma mão?

Preso? Crime fiscal na Itália? De todo modo, aquele era o pedido de um grande amigo, não cabia a mim questionar, eu tinha que tentar ajudá-lo.

Lembrei-me do responsável pela Polícia Federal em São Paulo, com quem havia desenvolvido um cordial relacionamento. Cheguei mesmo a prestar alguns favores à instituição por sua solicitação. Vou chamá-lo de "Mr. PF". E assim, eu, Mr. PF e meu amigo combinamos almoçar juntos.

No final do almoço, puxei o assunto:

— Vocês prenderam um italiano ontem, não é, aguardando deportação?

Mr. PF respondeu:

— É verdade, ele está na sede da rua Piauí.

Eu conhecia o prédio, no bairro de Higienópolis, em São Paulo, e aproveitei a dica:

— Ah, o prédio da rua Piauí... Aquela construção está muito danificada, precisando de reforma e uma pintura nova... Você sabia que meu amigo aqui é do ramo de construções? Para ele, mandar reformar e pintar a sede não seria nada trabalhoso. Pode até ser uma doação para a instituição.

Terminamos o encontro e decidimos seguir até o prédio, para analisarmos as instalações da Polícia Federal. Examinamos o local e aproveitamos a oportunidade para visitar o italiano, que estava numa das celas. No dia seguinte, os pedreiros e pintores chegaram. O italiano conseguiu outra cela, por coincidência maior e mais bem ventilada, pois a que ocupava seria reformada e pintada.

Meses depois, o italiano teve seu pedido de deportação indeferido pelo Supremo Tribunal Federal e pôde permanecer no Brasil, pois fora comprovada sua inocência e a improcedência do pedido de extradição. A sede da Polícia Federal ficou nova em folha. Todos ficaram satisfeitos. Considero que nenhum ato ilícito foi praticado por nenhuma parte. Houve apenas a boa atitude por parte dos homens de boa vontade.

Na saída do almoço, recebi um conselho sussurrado por Mr. PF:

— Wang, você não devia andar com esses picaretas, tome cuidado.

O conselho era adequado, mas, naquela hora difícil, não deixaria de colocar meu *networking* à disposição de meu amigo. Aliás, regra de ouro do *networking*: nunca peça o impossível. Jamais solicite a quem quer que seja o que não gostaria que pedissem a você. Sempre deixe uma saída honrosa para que a pessoa possa declinar de seu pedido de ajuda. Se não deu certo nessa oportunidade, na próxima você será atendido.

Talvez, ao longo de sua vida profissional, você não consiga evitar machucar alguns indivíduos. Se os ressentimentos serão fortes ou não, irá depender de como os outros o veem. Caso você esteja em uma posição de prestígio, todos se tornarão mais tolerantes e dispostos a admirá-lo. O *networking* pode ser sempre construído e reconstruído, mas, se você está por cima, conseguirá reparar os arranhões sofridos no caminho. No entanto, se estiver por baixo...

Gatos no telhado

Saber, aliás, distinguir quem está por cima e quem está por baixo é fundamental para manter um *networking* equilibrado, sobretudo quando se está lidando com políticos ou com instituições públicas. Eu me lembro de um alto funcionário público, que já havia sido secretário de ministério no segmento de informática, me explicando quem, afinal, tinha o poder dentro do setor público:

— Wang, nós, funcionários de carreira, somos como gatos. Um dia chega um novo pastor com um monte de cachorros, que latem sem cessar. O pastor faz barulho, diz que vai mudar tudo. Nós subimos no telhado e ficamos lá, três, seis meses, quietinhos, aguardando. Uma hora ele vai embora com seus cães, a gente desce e tudo continua como antes.

Uma situação inusitada, mas certamente verdadeira.

Foi uma aula. Em geral pensamos que são os políticos eleitos que mandam em Brasília. Eles são facilitadores, mas não decidem. O importante é quem segura a caneta, ou seja, os funcionários de carreira do alto e médio escalão. Se seu setor é muito controlado pelas instituições governamentais, você precisa desse relacionamento. É ele que toca seu segmento econômico para a frente, com seus erros e acertos.

Um deputado, um senador têm um raio de ação limitado. Podem até marcar uma reunião para você, mas acabou por aí. Em geral não temos noção de como a estabilidade dos funcionários públicos é sólida, tornando-os quase intocáveis. Se o chefe abusar, o funcionário entra com uma representação contra ele. Hoje, quem está no alto da estrutura hierárquica de carreira sabe que a qualquer momento seu subordinado pode ser o chefe de amanhã.

Ninguém quer confusão com ninguém, nem para cima, nem para baixo. Portanto, o melhor é fazer como os gatos de Brasília: subir com eles no telhado e não dar tanta importância para quem está lá embaixo latindo. Outro mestre que conheci no relacionamento com o setor público me disse:

— Wang, quero ter sempre nota 6. Jamais quero ter nota 10, porque um 10 significa ter nota 1 com alguns e 0 com outros.

Principais tópicos do capítulo 7

- Construir um *networking* tem ônus e exige muito tempo investido. É provável que você tenha de sacrificar uma parte de sua vida pessoal

- Uma rede de relacionamentos eficiente começa na infância, quando passamos a cultivar os primeiros amigos para toda a vida

- Faça seus conhecidos sentirem que eles são sempre lembrados. Convide-os para almoçar, mesmo se não tiver muito assunto para conversar. Oportunidades surgirão naturalmente

- A discrição é fundamental para ganhar confiança e credibilidade

- Ter um bom *networking* é ter uma boa agenda. Organize seus contatos e mantenha um registro deles

- Esteja atento para falsos amigos que podem se aproximar para se valerem de sua rede de relacionamentos em proveito próprio

- O *networking* pode ser arranhado, mas você sempre tem a oportunidade de reconstruí-lo

- Para os que têm de manter contatos no governo, é bom saber que quem aparece mais nem sempre é quem manda mais

Capítulo 8

OUÇA TODO MUNDO, MAS DECIDA SOZINHO

Nunca é demais lembrar: toda — toda mesmo — decisão empresarial tem um risco embutido. Dá um frio na barriga na hora de resolver o que deve ser feito? Claro que sim. Mas não se é um líder empresarial de fato se não se tem autoconfiança e vontade de resolver os desafios que surgem pela frente, e aquela energia irrequieta, inexplicável, de realizar. Isso é verdade para todos os momentos da vida empresarial e em especial nas épocas de crise. Não há como parar tudo e refletir longamente sobre qual o caminho a seguir.

É preciso acreditar na própria intuição e decidir rápido. Se eu sei como fazer, devo fazer a coisa certa, ou a que considerar certa, sem demora. Se não sei, devo consultar quem sabe e, de novo, tomar minha decisão e pô--la em prática com a máxima brevidade. É uma questão de atitude.

Não se concebe um líder que diga "esse negócio não é comigo" ou "vamos esperar e pensar com bastante calma" e não dê uma resposta à situação. Depois da decisão tomada, se mantivermos sempre esse espírito de iniciativa e proatividade, vamos saber com clareza quais ajustes deverão ser feitos ao longo do percurso. Autoconfiança é a palavra.

Muito mais do que ter coragem ou não temer correr riscos, a principal qualidade do líder é confiar em seu julgamento e na qualidade das informações recebidas de seus colaboradores. A decisão em última instância é sempre solitária. É claro, as empresas são feitas de gente. Aquelas de maior porte têm grandes equipes que ajudam a administrar os negócios, com o loteamento, em seu aspecto positivo, de poderes e de alçadas. Algumas resoluções podem ser tomadas pelas equipes, como, por exemplo, definir as metas a serem atingidas ou o cenário estratégico. Mas há decisões cruciais que são suas. Eu quero ou não abrir uma nova fábrica? Vou tirar ou não esse produto de linha? Agregarei esse colaborador à minha equipe ou devo desligá-lo? Você resolve, não dá para delegar para mais ninguém tais questões.

Grandes empresas também precisam de carinho

Falemos de empresas de grande porte. Aqui vale a pena chamar a atenção para um equívoco que muitos líderes empresariais cometem: deixar-se envolver pelo clima impessoal dos grandes conglomerados.

Muitos dos que trabalham em uma companhia de expressão global comportam-se como se estivessem em empregos com estabilidade vitalícia e sentem pouco apego por sua atividade profissional. Não bastasse isso, o fato de não existir ali um dono visível e de esses profissionais quase nunca lidarem diretamente com clientes de carne e osso faz com que tudo se torne muito frio e impessoal.

Mas as gestões de sucesso são exatamente as daqueles líderes que cuidam de um grande conglomerado como se fosse uma pequena empresa e a tratam com carinho e comprometimento diários. Uma grande organização tem de se importar com seu patrimônio, com seus colaboradores, com seu papel social e com o meio ambiente, além dos lucros e das perdas. Da mesma forma, além de dar, ela também precisa receber, pois necessita de atenção, de calor humano. E o contrário também é verdade. As pequenas empresas devem pensar em seu dia a dia como se fossem multinacionais e assimilar as boas práticas de gestão das grandes, como controle de rotinas, relatórios, acompanhamento de gastos, profissionalismo e definição nítida de cargos e carreiras.

Enfim, o envolvimento e comprometimento dos funcionários é insubstituível para manter a companhia saudável, competitiva e lucrativa. Mesmo se você é quem, no final, toma as decisões mais críticas, nada poderá fazer se seu *staff* for composto por gente com pouca capacidade técnica para o trabalho e pouco apetite para desafios. Portanto, montar uma boa equipe é crucial, como já falamos no Capítulo 3 deste livro. É a equipe que o ajudará a avaliar e definir os possíveis cenários que seu negócio irá enfrentar. São seus colaboradores que converterão em realidade as estratégias montadas para enfrentar os períodos de dificuldades.

O olho do líder

Em épocas de crise, o tempo se torna escasso, assim como o dinheiro. Por isso, as pessoas ficam mais instáveis emocionalmente. Todos sabem que conturbação e estabilidade no emprego não coexistem. É o momento de todos ajudarem a somar, não de subtrair. Nessa fase, é importante ter olho clínico, identificar quem fará diferença, quem está comprometido, quem tem competência e estrutura emocional para enfrentar a situação. É quando se separam os adultos das crianças, os profissionais dos amadores.

Você tem de dedicar parte de seu tempo para conhecer as pessoas, fazer a leitura de seu ambiente. Tentar ver além das aparências. É isso o que o ajudará a identificar talentos. Um líder empresarial observador consegue perceber nos funcionários que têm aquilo que, em inglês, é chamado de *competency* — a capacidade de um indivíduo de combinar conhecimentos, habilidades, atitudes e transformá-los em ações mensuráveis e desejadas —, uma espécie de currículo oculto que só é possível identificar no dia a dia, quando as pessoas mostram de verdade a que vieram.

Procuro investir muito em treinamentos de dinamismo de grupo. Em uma dessas ocasiões, fui com minha equipe até um centro onde eram realizadas essas dinâmicas, no qual havia vários equipamentos, como escadas, árvores e cordas para fazer rapel. Na condição de líder, fui o primeiro a me voluntariar a praticar aqueles exercícios, que eram colocados como desafios. Para meu espanto, alguns funcionários, com bons históricos pessoais e emocionais, tiveram grandes dificuldades em realizar aquelas tarefas, a meu ver, simples.

Um deles foi o diretor-financeiro da companhia, um bom profissional que não conseguiu escalar uma árvore e se jogar a quinze metros de altura para bater com as mãos em um sino dependurado a um metro de distância. Bom, dito assim parece algo arriscado mesmo, mas a prova era feita com os praticantes devidamente resguardados por equipamentos suíços de segurança. O que se pretendia ali era uma demonstração de confiança — inclusive nos equipamentos de segurança — na busca de um objetivo. O diretor não completou a prova, contou depois, por conta de um trauma de infância, gerado por uma queda de um muro que o machucou bastante.

A gerente de logística era uma fera para trabalhar, mas, nesses exercícios, demonstrou uma total instabilidade emocional. Isso ficou evidente diante de um exercício simples: saltar, de costas, de uma plataforma de pouca altura e ser amparada pelos colegas abaixo. Ela não confiava nas pessoas. Em seu subconsciente, achava que eles deixariam que se machucasse. Só no terceiro dia a gerente completou a prova, e de imediato começou a chorar de alegria por ter cumprido o desafio.

Eu observava, calado, os limites desse pessoal. Essa funcionária, em diversos momentos ao longo dos anos de convívio profissional, caiu em prantos ao ser questionada em momentos de pressão. Claro, ela não seria dispensada da empresa por não ter querido pular de uma determinada altura, nem mesmo por sua instabilidade emocional, pois possuía várias outras qualidades. Entretanto, exemplos assim me ajudaram a conhecer outros aspectos dos profissionais que me cercavam e serviram-me de subsídio na hora de tomar determinadas decisões. Em épocas normais, a manifestação de falta de confiança nos colegas, como era o caso da gerente, talvez não fizesse diferença, mas em um cenário de crise a estabilidade emocional é essencial, e é imprescindível ter grande confiança e integração em sua equipe.

"Ler o contrato? Para quê?"

Um dos mais impressionantes exemplos de confiança depositada numa equipe me foi dado por Yasuhiro Tsubota, presidente da Epson nos Estados Unidos, que negociou comigo meu cargo de representante da empresa no Brasil. De origem japonesa, Yasuhiro Tsubota tomava decisões instantâneas, sem seguir a prática executiva japonesa de realizar extensas reuniões antes de escolher, coletivamente, os caminhos a seguir. Ele era uma pessoa que confiava bastante no próprio instinto. Deve ter tido suas decepções, mas teve uma carreira de reconhecido sucesso.

Se Tsubota confiava em alguém, não impunha limites ou formalidades no trato. Poucos meses depois de acertarmos que a subsidiária brasileira da Epson ficaria sob minha gestão e responsabilidade, com muita cerimônia e pronto para dar explicações, levei a ele uma procuração — escrita em português — que me outorgava amplos poderes para representação total perante a subsidiária brasileira. O fato de o documento estar escrito numa língua para ele incompreensível não o abalou. Sem perder um instante, Tsubota pegou o documento, assinou todas as vias e devolveu-as a mim.

— Você não vai ler? — perguntei.

— Ler para quê? — respondeu-me. — Envie depois, para minha secretária, uma cópia para meu arquivo.

Será que líderes têm uma forma diferente de atuar? Será que confiam tanto em sua intuição ou nas pessoas?

Não é sempre que se tem a sorte de trabalhar com uma equipe que se escolheu pessoalmente. Tive esse privilégio, pois criei uma empresa do zero, em 1983. Essa é uma rara oportunidade de construir e aprender pouco a pouco como funcionam os mecanismos de uma companhia e como se comportam diante dos mais diversos cenários. Foi-me dado, então, tempo e oportunidade para ver as coisas acontecendo tanto na calmaria como em épocas de total adversidade. Dessa maneira, as decisões que tomamos imprimem nossa personalidade na organização, que toma a forma de nosso corpo e nossa alma.

Situação bem diversa ocorre quando você é convidado a dirigir um negócio já estabelecido e funcionando com seu próprio dinamismo e sua cultura. O fator tempo, então, é exíguo. Tornar seu o DNA dominante em uma situação dessas exige estratégias diferenciadas, conforme o ambiente em que você vá se inserir. No segmento de tecnologia, para citar um exemplo, serão encontradas pessoas mais bem preparadas e uma grande porcentagem de funcionários com elevado nível educacional.

Uma grande companhia nessa área que tenha, digamos, trezentos funcionários é constituída por pelo menos cem indivíduos com ensino superior, ou seja, gente mais preparada, mais dinâmica, porém mais exigente e competitiva também. É um ambiente em que há maior cobrança e uma maior disputa pelo poder. Já em uma pequena empresa de construção civil, na qual haja cinco engenheiros e duzentos trabalhadores braçais, a estrutura de poder é muito diferente e verticalizada, um ambiente em que, sintomaticamente, o engenheiro é ainda chamado de doutor.

Parente é serpente

Há cenários, no entanto, que são mais desafiadores. As empresas familiares fazem parte desse grupo. Nelas ou há uma enorme centralização nas decisões ou, ao contrário, existe um grande número de lideranças, e ninguém quer abrir mão das próprias opiniões, de poder e de privilégios. Encontra-se com facilidade uma atmosfera rarefeita em racionalidade e com muitas emoções envolvidas.

Se você dirige, ou tenta dirigir, uma companhia familiar, tem de se armar com uma grande dose de habilidade e paciência. Tentar formar uma equipe em um local em que as pessoas se veem como sucessores, e não como gestores, é uma tarefa para profissionais calejados. Como lidar com o filho do dono, ou seu próprio filho, ou a filha de sua tia Candinha, que passa o dia sentada sem fazer nada e o dia seguinte viajando, e todo final de mês recebe 15 mil, 20 mil reais, sem contribuir com um tostão furado para a empresa?

Se a organização tem porte e recursos, pode até bancar um gestor profissional. Mas será que ele terá liberdade para gerir? Alguém permitirá que esse funcionário mande embora aquele filho despreparado e arrogante? Em situações de crise em uma empresa familiar, a minoria quase sempre acaba vencendo. Não existe um comando que seja aceito por todos. O conselho de acionistas formado por irmãos, cunhados, tias, ex-mulheres... Não há um dono só, o que torna tudo imprevisível. E, não raro, quando há um dono, ele pode estar passando por problemas pessoais, cansado da atividade ou despreparado para enfrentar os novos desafios mercadológicos sob uma nova realidade globalizada que precisa ser reinventada todos os dias. Os funcionários ficam confusos e são pouco cobrados por seus resultados. Erros crassos ficam impunes e se repetem. O destino do negócio e seu valor econômico ficam depreciados e comprometidos.

É preciso, portanto, adaptar-se à paisagem que o rodeia. Mas você, como bom líder que é, não pode abrir mão de criar uma estrutura em que os funcionários, pelo menos aqueles que ocupam postos-chave, sejam de sua inteira confiança. Essa é uma das principais e mais desejáveis qualidades do líder: saber construir uma equipe eficaz, plenamente apta a supri-lo com todos os elementos que permitam, no final, decidir os rumos de toda a companhia.

Gestores *versus* empreendedores

Gerenciar qualquer negócio, seja ele uma indústria de cosméticos, uma siderúrgica, uma empresa que comercializa água mineral ou massas prontas para pizzas, é muito parecido. Para o gestor chamado para buscar a recuperação de uma empresa, no final das contas, não importa em qual segmento ele tem de atuar. Relatórios contábeis e financeiros, conciliações bancárias, administração de recursos, capital de giro, estoques... os conceitos da boa prática e gerência se repetem e são necessários em qualquer indústria. Os fundamentos administrativo-financeiros são sempre iguais.

Lógico que é preciso entender mínima e razoavelmente o problema e o mercado em que você está agora. Mas se não domina as peculiaridades técnicas da área, recorra às pessoas do ramo. O que se espera é que você contrate as melhores cabeças disponíveis, defina metas e gerencie esse pessoal de modo a alcançar os objetivos empresariais almejados.

Isso é ser um bom gestor, algo diferente de ser um bom empreendedor. Você pode ser um bom gestor e não ser um empreendedor tão dinâmico assim. Já um bom empreendedor não será necessariamente um bom gestor. Mais importante é ter autoconfiança, acreditar no que você quer fazer e pode fazer.

Em geral, um bom empreendedor, um bom *starter* — um "iniciador de negócios" — não tem a disciplina ou a paciência necessárias para se tornar um bom gestor. Sua principal característica profissional é o gosto em investir, tirar coisas do chapéu, confiar na sua intuição, surpreender o mercado. Já um competente gestor financeiro tende a ser conservador, avesso a novidades, o que, óbvio, não lhe dará as qualidades necessárias para empreender. É preciso saber avaliar com precisão nossas qualidades e limitações.

É preciso botar a mão no bolso

Eu tenho um lado empreendedor muito forte. Gosto de empreender, de investir, de pagar para ver a concretização de uma ideia. Sim, porque chega um momento em que você tem de pagar para ver com seu próprio dinheiro. Essa história de *other people's money*[1] não segura ninguém por muito tempo. Você precisará de *your own people, your own money*. Em bom português: uma hora você irá precisar botar seu dinheiro na mesa, enfiar a mão em seu próprio bolso, bancar a situação.

---

[1] Convencer outros a colocar dinheiro deles.

Essa é a premissa do empreendedor, que também deve ter um conhecimento técnico, já ter tido uma experiência profissional e de disciplina, além de muita energia e dedicação. Se alguém tem espírito para empreender, mas é muito atrapalhado, vai se perder no trabalho e não ultrapassará a fase das boas ideias. As chances são de que terá dificuldades para levantar os recursos necessários, a não ser do "pai-patrão", assim como de perder os eventuais recursos portados a curto prazo.

Minha experiência à frente de uma multinacional me obrigou a construir a disciplina de gestor, a seguir cartilhas, a apresentar resultados e satisfações a quem de direito. Tive de aprender. Minha formação teórica foi diversificada e muito sólida, pois foi multidisciplinar. Venho de um curso de arquitetura na Universidade Mackenzie, em São Paulo, cursei anos de direito na Faculdade do Largo de São Francisco, pós-graduação na Fundação Getúlio Vargas e na FIA-FEA da Universidade de São Paulo, e outros cursos no exterior. Uma formação assim confere o respaldo de um gestor, uma base técnica sólida. Aprendemos a ler, a interpretar, a entender tendências. Tudo isso é essencial na gerência de negócios.

Muita gente acha que para ser um bom empreendedor basta ter uma boa ideia, uma sacada, uma esperteza. Não é assim. O empreendedorismo é um conjunto de boas ideias, recursos financeiros, credibilidade no mercado, muito trabalho e uma grande dose de sorte. E para ter sorte nos negócios é necessário que a oportunidade seja associada a uma boa ideia. A sorte não cai do céu. Ela acontece se você estiver preparado para quando ela passar na sua frente. E, acredite, quanto mais bem preparado você estiver, mais vezes a sorte passará diante de você.

Em minha vida empresarial recente, na qual "sorte" e "azar" se revezaram, constatei que estar sempre a postos para aproveitar as oportunidades cedo ou tarde rende ótimos frutos. Vejamos um exemplo disso:

Um cemitério no caminho

Um amigo, hoje parceiro de negócios, era dono de 1,5 milhão de metros quadrados regularizados em Cajamar, cidade da região metropolitana de São Paulo. Esse era seu negócio: adquirir grandes áreas e transformá-las em loteamentos populares. Por muitos anos, ele insistiu comigo que fosse conhecer seus terrenos.

— Quem sabe não fazemos um bom negócio juntos, Wang? — ele teorizava.

Em 2007, o mercado imobiliário estava se aquecendo. Decidi então aceitar o convite do visionário e empreendedor Firmino e me surpreendi com a oportunidade que se abriu a minha frente. Analisei, prospectei, colhi todas as informações. Decidi empreender.

No mesmo dia liguei para um grande empresário do setor de construções, Gilberto Benevides, dirigente da Brookfield Incorporações, uma das incorporadoras imobiliárias de maior sucesso e credibilidade que conheço e uma das maiores do Brasil. Em poucos dias Gilberto reuniu uma equipe de assessores e fomos até lá. Decidiu-se, para sentirmos qual seria a recepção pelo mercado, que seriam construídos três prédios, num total de 580 apartamentos, para consumidores da classe econômica, com uma renda familiar mensal de até 1.800 reais.

Os desafios começaram: nessa faixa salarial nem sempre é fácil para as famílias comprovar sua renda, mesmo quando são formadas por até três pessoas. A Caixa Econômica Federal hesitava em aprovar os financiamentos, então fomos até a Caixa negociar. Definiram-se outros critérios de comprovação de renda. Normal, é assim que acontece. Nada vem pronto, você é quem tem de ir atrás com muita energia e dedicação em busca de novas soluções, e testá-las.

As vendas se desenvolveram de forma satisfatória nessa primeira fase. Mesmo assim, ainda havia dúvidas sobre a solidez da demanda. Cajamar nunca antes vira um empreendimento com aquela escala. Será que haveria compradores para absorver as 20 mil unidades habitacionais que planejávamos construir nos próximos oito anos?

Animados, estávamos prestes a expandir para outra gleba, quando surgiram os "azares". Alguém garantiu que na região havia ossos de antigas aldeias indígenas, de valor histórico. Tudo parou. O Patrimônio Histórico foi até lá, exigiu pesquisas e relatórios. Durante seis meses tudo ficou praticamente em suspenso, à espera das prospecções dos especialistas. Quase um ano se passara, a questão dos índios já pacificada, e surge outra reviravolta, completamente fora do meu controle: a empresa de meu amigo Gilberto, na época chamada Company S. A., foi vendida para uma grande multinacional, a Brascan S. A., e passou a se denominar Brookfield.

Os negócios foram mais uma vez postergados, pois a própria Brookfield tinha enorme banco de terrenos e queria focar suas atividades em suas áreas próprias.

Negociar, negociar, negociar

Um dia, meu amigo Gilberto me chamou:

— Wang, somos amigos, mas vou ter de cancelar o projeto. A empresa que nos incorporou trouxe 3,5 milhões de metros quadradros em Tamboré, e é lá que vamos começar a construir. Cajamar já era.

Não me conformei:

— Mas, Giba, Cajamar é Cajamar, Tamboré é Tamboré. São perfis mercadológicos bem diferentes, para clientes distintos.

Coloquei minha credibilidade e tudo o que sabia sobre a arte da negociação sobre a mesa. Por fim, convenci Gilberto a manter o projeto original, embora em uma escala reduzida.

Tudo pronto! Então, vamos recomeçar? Não ainda.

Gilberto me convidou para um almoço e explicou que, depois de vários anos de namoro, decidira se casar. Iria ficar fora um mês, em lua de mel. Bom, um mês dá para esperar.

Passa o mês, ele volta em novembro. Junto com ele, veio a grande crise econômica.

— Vamos cancelar o projeto, está tudo parado, não dá para fazer mais nada — disse ele.

Continuei argumentando, propondo, costurando os entendimentos entre as partes, negociando, negociando, negociando.

De repente, a "sorte"! O governo anuncia e regulamenta o programa "Minha Casa, Minha Vida", com a meta de construir, no âmbito do PAC e, portanto, com a participação da iniciativa privada: um milhão de moradias para famílias com renda mensal de até dez salários mínimos, e uma parcela subsidiada no valor de até 23 mil reais. Quem tinha 1,5 milhão de metros quadrados já regularizados, prontos para construir? Nosso empreendimento e eu, que em nenhum momento deixara de acreditar na potencialidade daqueles terrenos em Cajamar e, na verdade, me achava ciente da iminência do programa oficial de subsídios. Estávamos prontos para aproveitar essa grande oportunidade.

Foi a perseverança associada ao espírito empreendedor. Não ganhei no início do empreendimento, mas me mantive firme porque acreditava no potencial do negócio. Surgiram os reveses, eu me mantive equilibrado e negociei, apoiando-me em minha seriedade e credibilidade com as partes envolvidas. Sempre dá para negociar. Em alguns momentos, meu parceiro nos terrenos se desentendia com meu outro parceiro na incorporadora. Eu almoçava ora com um, ora com outro, aparando as arestas, que não foram poucas. Chegamos a uma feliz conclusão e a um matrimônio.

A segunda fase do empreendimento, em setembro de 2009, trouxe a gratificação financeira e pessoal: mais de seiscentos apartamentos vendidos em apenas dois finais de semana. Lucro para todos, criação de empregos em vários setores, a concretização do sonho da casa própria para quase mil famílias.

Fui recompensado pela perseverança, por minha autoconfiança, por não ter medo de tomar decisões. Eu soube jogar na mesa os argumentos corretos nos momentos críticos e cultivar e manter meu *networking*. Meus amigos chamam isso de "o estilo Wang".

Principais tópicos do capítulo 8

- ➡ Tomar decisões dá um frio na barriga, mas não tenha medo de decidir; mais para a frente dá para corrigir o rumo
- ➡ Mesmo em uma grande empresa, uma equipe precisa de atenção e calor humano
- ➡ Fique atento para a saúde emocional de seus colaboradores. Em um momento de crise, sua equipe terá necessidade de total equilíbrio mental e espiritual
- ➡ Faça uma autoanálise e descubra se você é mais empreendedor ou mais gestor
- ➡ Há uma relação que não pode nunca faltar entre você e sua equipe: confiança

- Sorte nos negócios só surge para quem está preparado
- Todo negócio vem acompanhado de desafios. Se você acredita nele, enfrente-os com calma, segurança e tenacidade

Capítulo 9

A HORA DA FAXINA

Se você já trabalhou em uma empresa de grande porte ou em uma multinacional, sabe que fora desse mundo — e, cá entre nós, mesmo nele — ser um líder empresarial costuma se mostrar um exercício de paciência. Com frequência deparamos com profissionais pouco preparados ou pouco compromissados. Sempre há aqueles que se escondem atrás da cortina, pedindo para não serem lembrados, e passam sua vida profissional sem grandes ambições e desafios.

É uma situação um pouco paradoxal, pois ao mesmo tempo em que existem cada vez mais altos executivos brasileiros comandando gigantescos conglomerados mundiais, em todos os escalões também encontramos profissionais que, além de não terem um nível de competência adequado, são difíceis de serem treinados. Confesso sentir certo alívio pelo fato de que, no estágio atual de minha vida empresarial, eu tenha a opção de poder escolher lidar com pessoas mais interessantes e desafiadoras. Para mim é muito frustrante conviver com profissionais que pouco me acrescentam e não me desafiam.

Claro, há setores mais dinâmicos, mais desafiadores e que congregam o que existe de melhor entre os cérebros do país. A verdade é que o Brasil vem melhorando rápido; percebo isso a cada ano. No entanto, mudar o processo de educação em uma nação que tem quase 200 milhões de habitantes é um processo longo que vai requerer muito investimento em educação. A transformação só virá daqui a cinquenta, oitenta, cem anos e, mesmo assim, se houver comprometimento consistente do governo e da iniciativa privada em educação. Tomo o exemplo do Japão, um país de inegável capacidade intelectual: a Reforma Meiji, que começou a investir intensamente na educação do povo japonês, teve início na metade do século XIX e só veio a dar frutos mais de cem anos depois. Foi isso o que transformou o Japão, um país de escassos recursos naturais, em uma potência mundial.

Lidar com gente que desafia suas certezas e seus conhecimentos e que tem na bagagem experiências pessoais e profissionais significativas é muitíssimo gratificante. É algo que pode enriquecer muito seu próprio repertório e turbinar seu desempenho profissional. Mas o contrário também é verdade. Passar muito tempo na companhia de gente que tem grandes lacunas culturais e técnicas e uma visão tímida sobre o mundo empresarial pode levá-lo para baixo. É preciso, portanto, ser crítico nesse aspecto.

No momento em que o quadro econômico e empresarial torna-se mais áspero, mostra-se imprescindível potencializar todos os recursos e ativos. Reformar, enxugar e racionalizar são verbos que você terá de conjugar 24 horas por dia. Em tempos como esses, sua organização não terá outra saída a não ser tornar-se mais produtiva, competitiva e lucrativa. E isso significa, quase sempre, fazer mudanças em seu quadro de funcionários e até demitir alguns.

Um lorde inglês não vende esmalte

Manter gente despreparada para enfrentar tempos difíceis pode ser fatal para os negócios e para a empresa. Por despreparo entenda-se, principalmente, alguém que não tenha os conhecimentos profissionais ou o comprometimento necessários para o cargo. Isso pode se revelar em características exteriores mais superficiais, tais como o discurso, a postura ou a expressão corporal.

Conheci de perto um personagem desses. Um amigo meu, dono de uma tradicional empresa de cosméticos com uma participação mercadológica consolidada e respeitável no mercado, sobretudo no setor de esmaltes, vendia cada vez menos. A empresa não estava estagnada, mas sim definhando. Esse amigo, Mr. E, se achava bastante mal de saúde, não conseguia nem mesmo subir uma escada. Ele desejava vender a companhia ou acertar-se com um sócio investidor para geri-la. Estava no negócio havia trinta anos e reclamava de tudo. A certa altura, Mr. E me convidou para ir até seu escritório. Queria conselhos e, quem sabe, negociar a empresa.

Assim que cheguei, senti um cheiro diferente... Cachimbo! Alguém fumava cachimbo por ali. Era o diretor comercial. Logo imaginei o que pensariam os clientes que iam até ali comprar esmaltes e batons de alguém que lembrava um lorde inglês soltando baforadas no ar, ainda mais numa empresa de cosméticos.

— Mr. E, ele é o responsável pelas vendas? — perguntei.

— Sim, por toda a parte comercial — respondeu.

Após alguns dias, voltei ao assunto com meu amigo:

— Mr. E, precisamos trocar seu diretor comercial.

Ele se assustou e explicou que o funcionário tinha longos anos de experiência.

— Você está reclamando de que a empresa não vende. Mande esse profissional embora — insisti. — Não dá para ter um diretor comercial que fuma cachimbo. A atitude, a linguagem corporal, está tudo errado. A função requer dinamismo, não um profissional afundado em seu assento durante o expediente, o dia todo apreciando suas baforadas. O mercado mudou, você precisa mudar.

É claro, o cachimbo era o sintoma, e não o problema em si. O diretor comercial era aposentado de uma empresa concorrente, que não mais existia, portanto, fruto de uma administração pesada e burocrática, de épocas menos competitivas e melhores margens de lucros. O cachimbo é prazer para aqueles que têm a possibilidade de apreciá-lo, disponibilidade de tempo, não para quem precisa ir atrás de vendas, construir oportunidades e atingir resultados.

Mr. E relutava. Confiava no homem do cachimbo, disse-me, não ia mandar ninguém embora.

A crise foi se aprofundando. Ele queria mudar a empresa, mas não tinha capital, nem pessoal, e não queria mexer no quadro de funcionários. Na sequência, meu amigo enfrentaria dois fortes reveses. Ladrões entraram na fábrica e furtaram 1 milhão de reais em frascos, uma falha séria do responsável pela segurança.

O segundo revés foi ainda pior: clientes reclamaram de que um dos esmaltes havia provocado uma forte reação alérgica. A Agência Nacional de Vigilância Sanitária — Anvisa — pediu explicações e suspendeu suas vendas. Mal assessorado pelo diretor comercial —sim, o cachimbeiro — e não querendo dar o braço a torcer, meu amigo perdeu-se na negociação e foi punido com a suspensão da venda do produto por um mês e meio. Um prejuízo de vários milhões, que saíram do capital circulante e do lucro. Isso sem falar do enorme golpe na imagem da companhia perante os fornecedores e clientes que acompanharam durante vários dias as notícias pela imprensa.

No ano seguinte, Mr. E desistiu e optou por vender o negócio por um valor consideravelmente menor do que poderia ter conseguido por seus trinta anos de trabalho. Não tive mais notícias do lorde inglês.

Sempre há alguém a quem prestar contas

Muitas vezes o gestor é o responsável pela crise que atravessa. Um diretor comercial mais bem preparado, mais comprometido em enfrentar as dificuldades da companhia de cosméticos e em aumentar seus resultados poderia ter mudado inteiramente esse quadro. Gente dinâmica, que cuidasse do patrimônio da organização com competência, talvez tivesse evitado o furto dos frascos. Um executivo que soubesse negociar não deixaria um desentendimento com um cliente degringolar ao ponto de ter suspensas as vendas da empresa por um mês e meio e provocar o seu quase fim. Ou seja, era imprescindível trocar uma equipe ineficiente por outra que fosse criativa, energética e habilidosa diante de um quadro de turbulência. Evidente que a responsabilidade final coube ao próprio empresário, que mesmo tendo o benefício de vários anos de lucros não soube se adaptar para enfrentar sua própria crise e conviver com novos desafios.

É no dia a dia que sua atuação como gestor aparece. Como ser humano, você tem direito a erros e acertos, de preferência a muitos acertos. Todos, independente de sua posição na hierarquia, têm alguém a quem prestam contas. Ao presidente, ao *board* do conselho, aos acionistas, ao mercado, a sua família. Sempre há alguém a observar sua atuação e com o poder de vetá-lo ou trocá-lo por outro.

Você tem, portanto, de estar engajado no negócio de corpo e alma para apresentar resultados e exigir o mesmo de sua equipe. É o que falávamos no capítulo anterior: trate a empresa pequena como uma multinacional e cuide da multinacional como se fosse uma pequena empresa. Se nas grandes corporações as responsabilidades tendem a ser impessoais, nas menores há muita perda de tempo, muito "tapinha nas costas". Nessas companhias, e, como já disse, no Brasil de um modo geral, as pessoas tentam encobrir a falta de preparo com relacionamentos e envolvimentos pessoais. Elas produzem menos. E em uma época de desafios, é necessário produzir com a melhor relação custo-benefício possível.

Como gestor, você tem de trabalhar com o cenário mensurável de agora, diante de sua mesa, e não com um possível futuro. É preciso ser realista, manter os pés no chão. Num momento de adversidade, é melhor ser conservador, pois os recursos estão raros, o mercado, menos comprador. Temos de cortar o que não é seguro, o que não é produtivo, todo projeto que seja duvidoso em termos de resultados. Decisões erradas podem tornar a crise ainda pior. Portanto, esse não é o momento de sair investindo, e sim de otimizar o que você já tem em casa.

Observe com cuidado, de maneira madura e de forma imparcial seus comandados. Não deixe as simpatias e as antipatias pessoais interferirem em seu julgamento. Muito menos os preconceitos. Conheci de perto uma grande empresa da área de transportes na qual o diretor operacional levava seu companheiro aos eventos da companhia, chegando a privilegiá-lo profissionalmente. Todos sabiam do relacionamento afetivo que eles mantinham. Se o *board* da empresa tinha alguma reserva particular quanto à questão, não se manifestou a respeito. Era evidente para todo o mercado que aquele profissional era muito competente e trazia os resultados esperados. Por que, então, se incomodar com o que ele fazia em sua vida privada?

Não abra mão da experiência

Gente jovem disposta, cheia de energia e de ideias é necessária? É evidente que sim! Mas a experiência é algo que tem valor e só se adquire com o passar do tempo, após testes e mais testes. Portanto, pessoas mais maduras é que têm experiência. Isso pode parecer uma platitude, mas quis ressaltar essa afirmação porque houve um tempo em que se estabeleceu uma forte tendência em contratar jovens recém-saídos das universidades. Gênios da matemática financeira, aos 28 anos de idade, eram chamados para cargos-chave, sobretudo nos fundos de investimento. Eles podiam dominar a teoria de maneira inigualável, mas não tinham a experiência necessária para enxergar a malícia dos indivíduos e driblar os mal-intencionados. Isso só o tempo traz. Já fui presidente jovem, constato as diferenças de cada fase da vida profissional.

Hoje, posso me sentar à mesa de reunião e dar a impressão a meu interlocutor de que acreditei em cada palavra que ouvi dele. Talvez ele até saia da sala se vangloriando de ter me convencido ou acreditando que vai levar todas as vantagens em algum negócio que estamos acertando. Mas são as famosas 4 mil horas de voo que contam. Quando se passa muito tempo fazendo a mesma coisa, lidando com gente de toda espécie, ganha--se experiência.

Sem dúvida isso é algo em que refletir, para que se espante a tentação de substituir funcionários mais antigos pelos salários baixos dos estagiários. Se for essa sua escolha, com quem você irá poder contar na hora em que a empresa necessitar de massa crítica para recuperar seu espaço no mercado?

Sem dúvida, troque aqueles que não correspondem às expectativas, mas isso independente da idade ou dos anos na companhia. Se você tem um problema sério de pessoal na empresa, dificuldades em remanejar ou dispensar funcionários ou falta de conhecimento técnico em determinados assuntos, lance mão de uma consultoria externa. Traga alguém de fora para "limpar ou completar a casa", para ensinar e corrigir. Alguém que conheça o negócio, com experiência igual ou similar, mas que não tenha envolvimento emocional ou um "olhar viciado" sobre as questões da organização poderá ajudá-lo muitíssimo.

Negócios e coração batem em ritmos diferentes

Aliás, envolvimentos emocionais e negócios não devem andar juntos. Sei disso por experiência própria. Em 2000, decidi entrar no negócio da internet. Era um movimento ousado e, sei hoje, precoce. Fazer transações comerciais pelo computador, revelar os dados de seu cartão de crédito para alguém que você não estava vendo ainda despertava desconfiança generalizada no Brasil naquela época. E meu novo empreendimento era exatamente esse, a ClickCasa, um site em que você poderia comprar móveis, objetos de decoração e outros artigos para sua residência. Contratei pessoal despreparado, inexperiente em e-commerce — se é que existiam pessoas que entendessem disso há dez anos —, errei na estratégia do *business*. Amigos banqueiros e empresários insistiam comigo:

— Wang, feche esse negócio, você está perdendo dinheiro; a Click-Casa é inviável.

Eu não quis ouvir. Insisti e continuava investindo, achando que a qualquer momento a maré iria mudar.

Mas o que mais pesava era que minha então esposa era quem tocava a empresa. Fora para ela que eu havia montado a ClickCasa, pois acreditava que minha mulher poderia levantar o negócio. Eu queria que ela conseguisse fazer a empresa dar certo. No final, tive de desistir do empreendimento, mas não sem antes ter perdido muito dinheiro.

Hoje, sei que deveria ter escutado os conselhos de meus amigos, gente experiente, sem envolvimento emocional e também a ex-esposa. Teria evitado o grande prejuízo e o doloroso desgaste que todo o negócio criou em meu relacionamento familiar. Deixei-me levar pela emoção: um erro irreparável. Não enxerguei que o momento histórico do Brasil não estava ainda pronto para e-commerce, muito menos para compra de móveis via internet. Estar à frente de seu tempo tem seu preço. O negócio certo tem seu momento histórico, não adianta querer acelerá-lo. Você pagará caro por esse erro.

Será que eu quero essa empresa?

Gestores destemidos e confiantes em sua própria capacidade não devem, no entanto, se deixar intimidar por tempos sombrios. Mesmo quando a conjuntura recomenda cautela, devem sempre estar atentos às possibilidades de negócios e de empregabilidade do mercado. A pergunta "será que essa empresa me quer?" deve dar lugar à reflexão: "Será que eu quero essa empresa?". O profissional deve analisar o que pode fazer pela companhia e o que ela tem para lhe dar em troca.

O relacionamento com o trabalho, atualmente, não pode mais ser uma relação de emprego. A maior parte das pessoas quer o emprego por dinheiro, mas o mundo corporativo tem mais a oferecer do que isso. A dinâmica da economia atual, em especial com o entrelaçamento global de culturas e métodos, proporciona oportunidades de aprendizagem, trocas de experiências, estudos e oportunidades como nunca aconteceu antes. As opções estão aí, você é o responsável pelas escolhas e por construir sua história de gestor.

Os períodos de turbulência são preciosos em ensinamentos e resultados. As dificuldades vão passar, mas daqui a alguns anos estarão de volta. Isso é inevitável. As crises econômicas são e sempre serão cíclicas. Não se pode contar apenas com as vitórias e boas lembranças do passado. Você deve estar sempre se perguntando sobre como se vê profissionalmente. Que lições vem aprendendo com o momento atual? Tem tomado as medidas, por mais amargas que sejam, para manter sua empresa saudável e a salvo das vicissitudes? Ou está apenas empurrando com a barriga? Onde você vai querer estar daqui a cinco, dez anos? Está se preparando para manter sua empregabilidade a longo prazo? Ou quer fumar cachimbo?

Principais tópicos do capítulo 9

- Os profissionais brasileiros estão cada vez melhores, mas ainda há um longo caminho a percorrer
- Adequar a empresa a tempos difíceis muitas vezes exige que se demitam ou se troquem pessoas
- Se a solução é dispensar, faça isso com convicção. Gente despreparada pode ser fatal para os negócios
- Demita com critério. Não se esqueça de que você precisará manter seus melhores quadros para quando a recuperação vier
- Prepare-se profissionalmente para os tempos difíceis ainda na época de bonança. Quando um vendaval chegar, poderá ser tarde demais

Capítulo 10

VOCÊ FEZ TUDO DIREITINHO, MAS... ONDE ESTÁ A SOLUÇÃO?

"E agora, José? A festa acabou, a luz apagou, o povo sumiu..." A poesia do incomparável Carlos Drummond de Andrade sempre me impressionou. Como é dramática e sem esperanças. Um beco sem saída. Mas poetas talvez não sejam a melhor inspiração para gerir companhias em dificuldades. A verdade é que, mesmo quando as primeiras medidas tomadas para domar a crise não dão resultado, não há razão para tanto pessimismo assim.

A gestão empresarial não é um conjunto de eventos que tenha um começo, um meio e um fim, assim de uma maneira tão bem demarcada e cartesiana. É um processo contínuo, com dinamismo próprio, com idas e vindas, recuos e arrancadas, quedas e vitórias. Exige-se dos que nela atuam muita atenção, além de muita dedicação, capacidade de adaptação, tenacidade e sangue-frio.

Os especialistas em aviação sempre afirmam, quando há um acidente de avião, que é raríssimo que uma única causa seja a responsável pelo desastre. Erro do piloto, condições atmosféricas críticas, algum defeito mecânico que passou despercebido, falta de comunicação com o controle aéreo... Quase sempre foram todos esses fatores combinados que produziram a catástrofe.

Com os negócios acontece algo semelhante. Eles começam a perder altitude e potência por terem sido desvitalizados por fatores internos, como ações administrativas equivocadas; ou externos, a exemplo de retrações no consumo e inadequação dos produtos ao mercado. Entretanto, a analogia termina aqui. Ao contrário dos aviões, as empresas sempre têm chances de escapar e, feitos os ajustes de rota necessários, voltar à forma inicial ou até melhor.

O mercado aprecia a honestidade

Como gestor você tentou diversas estratégias para injetar energia e estâmina na empresa. Fixou metas semanais, mensais, trimestrais... mas não alcançou seus objetivos. Mesmo assim, a companhia ainda pode ter combustível para seguir em frente. Portanto, ainda que você não tenha conseguido atingir parte de suas metas, ou mesmo nenhuma delas, ainda não é motivo para se desesperar. Empresas parecem ter uma reserva secreta de vida que se manifesta nesses momentos e as faz continuar de uma forma ou de outra. É essencial, para que a estada na UTI seja a mais breve possível, que você e a organização tenham conseguido preservar um alto grau de credibilidade perante o mercado, seus clientes, fornecedores e, acima de tudo, seus colaboradores.

Na hora da crise, pode ser que o seu único ativo que ainda tenha algum valor diante do mercado seja esse bem impalpável: a credibilidade. Bancos, credores e mesmo o mercado estão sempre dispostos a dar uma segunda ou terceira chance para quem agiu com boa-fé. Se sua empresa não atuou de forma mal-intencionada, erga o queixo, mantenha a postura, esteja sempre presente onde for necessário e não tema. Você talvez se surpreenda com o grande número de pessoas que aparecerá disposto a ajudá-lo, fornecendo-lhe oportunidades de sair do atoleiro. Há uma explicação, além de uma possível solidariedade desinteressada: quando uma companhia efetivamente quebra, muitos outros interesses saem prejudicados.

Até mesmo concorrentes podem ser fundamentais para sua saída do buraco. Conheci empresas que contratavam as máquinas ou linhas de produção daqueles que eram seus rivais comerciais para aumentar a própria produção ou até para salvar seus concorrentes. E em um momento em que o capital para de girar na organização, isso pode ser a diferença entre a vida e a morte.

Uma questão de atitude

O que importa são as atitudes. Tenha uma postura correta. Mantenha seus fornecedores e os credores informados da maneira mais transparente possível sobre a situação que você está atravessando. Chame todos para conversar. Não fuja e não minta. Tampouco assuma algo que não possa cumprir. Diga claramente que, no momento, não tem como honrar seus compromissos. Não faça falsas promessas. Enfrente a tempestade com humildade, mas sem perder sua personalidade.

Mesmo quando não há mais dinheiro e a ideia de fugir dos credores é tentadora, respire fundo e lembre-se de que se os negócios crescem em progressão geométrica quando a época é de fartura, eles também caem no mesmo ritmo na direção contrária. Basta um credor protestar para, no dia seguinte, os bancos procurarem seu nome nos serviços de proteção ao crédito. A informação é hoje muito permeável e facilmente obtida. Até mesmo um funcionário de um grande varejista tem acesso a informações sobre sua vida cadastral com dois cliques do *mouse*.

Portanto, uma atitude positiva e respeitosa será preciosa e bem recebida por todos os que de alguma maneira forem afetados pelos maus resultados. No futuro, quando os problemas amainarem, a possibilidade de recuperar seus antigos parceiros será grande. Mas, sendo realista, essa atitude não fará simplesmente com que eles se esqueçam e perdoem os compromissos que você está anunciando que não poderá cumprir. É necessário engajar-se de verdade na recuperação do prejuízo.

O primeiro passo é reconhecer que o remédio que você vinha ministrando à empresa doente não foi eficaz ou suas doses não estavam corretas. No entanto, onde foi que você errou? Um diagnóstico profundo e honesto da situação atual da companhia pode mostrar isso. Para a crise, concorrem tanto fatores objetivos, que podem ser medidos com vários tipos de réguas, como outros, mais subjetivos.

É de grande importância mensurar o maior número possível de variáveis. Você pode medir, inclusive, coisas imensuráveis. Se acha que manter o ambiente de trabalho limpo, sem pilhas de papéis e outras coisas inúteis, poderá aumentar a produtividade do pessoal do escritório, limpe sempre a sala e pese toda a sujeira aspirada do piso. Você acumulou, por exemplo, uma média diária de cinquenta quilos de lixo num determinado período. Fixe uma meta: "No mês que vem quero recolher, no máximo, trinta quilos de poeira acumulada". Com isso, a subjetividade vai diminuindo, e mesmo os valores mais etéreos tornam-se reais e controláveis. Você passará a entender claramente o tamanho do estrago e conseguirá medir seu progresso no sentido de consertá-lo. Ao fazer isso, verá que sua ansiedade se transformará em determinação e ânimo para agir.

Os devedores ainda têm um sistema jurídico a seu favor

Um exemplo dramático de problema objetivo e mensurável: você tem de pagar suas contas a um banco e não possui os recursos necessários na data devida. É preciso ter muita calma nessa hora. Essas situações acontecem na vida das empresas. O mundo não vai acabar, mesmo que os compromissos não sejam honrados em seus vencimentos. A companhia continuará a existir. Durante os primeiros dias e semanas, alguém do banco irá ligar insistentemente para você e visitá-lo, cobrando quitação das pendências, propondo renegociações e operações para as quais lhe pedirá garantias reais para a instituição financeira em substituição àquelas dos bons tempos, em que ninguém lhe pedia garantia alguma. O subgerente virá visitá-lo com o gerente. O gerente o visitará com o gerente regional. Até o diretor regional passará por sua sala para "tomar um cafezinho".

É óbvio que ninguém em sã consciência quer ter seu nome ou o nome de sua empresa comprometido no cadastro de maus pagadores. É claro também que com inadimplência de mais de trinta dias seu crédito nos bancos e em outras instituições já estará comprometido. Mesmo assim, ainda não chegou a hora do fim de sua companhia. Até nos momentos mais adversos, a situação poderá sempre ser reconstruída e recuperada. Talvez demore alguns meses, ou até mesmo anos. Nesse período, a organização terá de achar caminhos para seguir com recursos próprios, sem poder contar com financiamentos bancários ou outros tipos de financiamento, mesmo de fornecedores.

Mas o tempo não para. Passados alguns meses, o gerente não ligará mais. Afinal, o problema já não está mais com ele. A dívida saiu da agência e foi para a cobrança judicial do banco. Seu nome e o de sua empresa encontram-se na Serasa e em outras instituições de proteção ao crédito. Bens que estavam gravados como garantia real do financiamento, como máquinas ou veículos, já poderão ter sido tomados de volta pelo banco. Isso tudo é péssimo, mas mesmo assim a empresa continuará viva.

Entenda que não recomendo a ninguém gerir um negócio dessa maneira, com fortes emoções entre protestos e oficiais de justiça. Esse, como disse antes, é um procedimento heroico, de pronto-socorro, com fratura exposta. O que digo é que mesmo um problema tão grave como não poder honrar os compromissos financeiros deve ser enfrentado de forma racional, sem que isso signifique o fim do mundo. A justiça brasileira, em franca mutação, ainda é de certa forma benevolente, dando oportunidades e tempo ao devedor, para que este se recupere ou volte a renegociar com seus fornecedores.

A hora dos remédios sutis

Imaginar você, os colaboradores e a empresa em uma mesa de pronto-socorro pode soar dramático, mas é uma boa inspiração para o estilo de gestão que você poderá ter de assumir. Assim como se faz com os pacientes graves, o controle sobre o que acontece ou não acontece em sua organização tem de ser total. Responda a você mesmo com honestidade: todas as medidas necessárias, dentro da ética e da lei, foram consideradas e exauridas? Sua equipe terá de ser de sua máxima confiança, portanto peça a opinião dela. Faça reuniões com a maior frequência possível com os auxiliares mais próximos e decida com eles o que fazer. Sua experiência e intuição serão essenciais.

Se os remédios convencionais não deram certo, então é hora de aumentar a dose ou, mais eficiente ainda, partir para uma terapia mais criativa, com mais inteligência e sutileza. Você já enxugou a folha de pagamento, mas a produtividade não aumentou? A solução pode não ser cortar, mas promover uma substituição estratégica de funcionários. A margem é insuficiente? A tecnologia pode lhe trazer uma solução. Se você produz algo a um preço de 70 reais e vende por 80, talvez possa baratear seus custos de produção substituindo componentes e fórmulas por outros mais econômicos. Peças metálicas por peças de plástico, por exemplo, como faz a indústria automobilística. Isso tem um impacto enorme sobre toda a empresa. Mesmo se for preciso raspar o fundo do cofre para instalar uma nova tecnologia, você pode fazer seu produto passar a custar 50 reais e, ao continuar a vendê-lo por 80 reais, sua margem será triplicada.

É o momento de analisar todas as possibilidades. Será que não é melhor fechar uma das fábricas do grupo? Por que não terceirizar a mão de obra? Ou até terceirizar a produção? Um funcionário que limpa o piso pode estar ganhando 2 mil reais quando se soma o vale-transporte, o vale-refeição, o plano de saúde, as obrigações trabalhistas etc. Sai muito mais barato pagar uma empresa que possa lidar melhor com esses gastos. Em vez de fabricar um componente, passe essa função a um fabricante que esteja com sua capacidade ociosa ou que tenha ganho de escala, e reverta em economia para sua companhia.

Pode ser também muito mais vantajoso simplesmente descontinuar determinado produto ou linha de produtos. Muitas organizações relutam em tirar produtos de seu portfólio temendo perder *market share*, mas quase sempre isso é uma ilusão. Alguns produtos nascem, crescem e vão morrer dando prejuízo. Sua sobrevida só é possível pela teimosia dos gestores. Costumo dizer que o amanhã só existirá se existir o hoje. O lucro possível de amanhã tem de estar construído sobre o lucro real deste dia.

Um caso típico é o de uma conhecida empresa japonesa, produtora de uma bebida láctea com ampla aceitação no mercado. Há muitos anos ela vem tentando diversificar sem sucesso sua linha com outros derivados de leite, que não têm aceitação pelo mercado. Para lançar outros produtos que ela considera unilateralmente lucrativos, impinge a seus representantes a chamada "venda casada" — para ter o produto de ampla aceitação, os comerciantes têm de também adquirir os outros que quase sempre morrem nas prateleiras, já que o público só tem interesse naqueles com lactobacilos vivos. Mesmo com essa política de vendas, o restante da linha que é empurrada ao mercado só traz prejuízos a essa companhia. Por que insistir nessa política de total insensibilidade mercadológica? Para agradar à matriz? Por medo de contrariar ordens superiores recebidas?

O corte de despesas e de produtos não é a única saída para os períodos de dificuldades. É possível promover mudanças estratégicas na linha de produção, conseguir financiamentos a longo prazo, renegociar datas com fornecedores. Se estiver comprando matéria-prima a cada trinta dias, aumente esse prazo para sessenta dias. Comprando e pagando em prazos curtos, você estará financiando o mercado; aumentando o prazo, o mercado passa a financiar você. Da mesma forma, analise seus recebimentos e verifique formas de encurtar seus ciclos. Há, ainda, um horizonte mais amplo para diminuir os custos, como estabelecer uma nova estratégia tributária e financeira, mudar a linha de produção, a logística, controlar e minimizar os ciclos de estocagens de fornecimentos e de produções...

Cortar o cafezinho?

E não nos esqueçamos dos famosos cortes de cafezinho e as recomendações para imprimir documentos nos dois lados da folha de papel. Na verdade, essas medidas têm um efeito meramente psicológico; a economia que proporcionam não irá afetar os rumos da empresa. Esses cortes devem ser vistos como um lembrete da direção a seus funcionários de que os tempos estão bicudos. Aliás, essa medida só será eficaz se fizer parte de uma ampla campanha interna de esclarecimento e de engajamento de todos em um esforço geral para reduzir custos de produção e procurar maneiras criativas de aumentar os lucros nesse período de dificuldades. Se eliminar o cafezinho sem uma boa razão, isso será visto como uma medida antipática e mesquinha. E, pior, poderá fazer com que, nas conversas de corredor, a percepção seja a de que a situação é pior do que realmente é, e o desânimo se estabelecerá entre todos. Ou, senão, vão achar que você é um gestor de pouca criatividade.

No entanto, dar sinais externos de austeridade pode ter uma grande importância para a percepção do público interno e externo. Nos períodos em que as medidas de economia tornam as condições de trabalho mais duras ou resultam em demissões, nenhum gestor será visto com simpatia ao promover festas ou desenvolver campanhas de comunicação interna dispendiosas dizendo para os funcionários se orgulharem da companhia em que trabalham. O constrangimento com esse gasto inútil e inoportuno será enorme. É preciso mostrar que também a direção da empresa, mais bem remunerada e com acesso a um número maior de benefícios, está comprometida a dar sua cota de sacrifícios.

Ou cortar o jatinho?

Um fato ocorrido em novembro de 2008, nos Estados Unidos, ilustra bem como os nervos ficam à flor da pele nessas épocas de dificuldades e como a tolerância para com os patrões e empresários diminui. Endividadas e correndo o risco de fechar as portas, as grandes fábricas automobilísticas enviaram, nessa época, seus representantes a Washington para expor sua situação e reivindicar auxílio do governo americano.

Pedir dinheiro ao governo — ou seja, aquele que custou o suor dos cidadãos — para resolver problemas internos de uma empresa já é um

Sucesso é... superar encrencas!

ultraje aos olhos dos americanos. Mas ver os CEOs da GM, Ford e Chrysler chegarem à capital do país cada um a bordo de seu próprio jatinho executivo transformou tudo aquilo em um crime de lesa-pátria. Durante semanas a indignação tomou conta de toda a imprensa. Deputados e senadores aproveitaram-se do clima de repulsa para tentar melar as negociações e atacar o presidente Barack Obama: "Como essa gente se declara à beira da falência, promove demissões, fecha fábricas e continua a andar de um lado para o outro em jatinhos?".

Os grandes executivos, que até então eram a melhor tradução do sonho americano de sucesso, poder e dinheiro, transformaram-se, da noite para o dia, em uma quadrilha de gente insensível, inescrupulosa e perdulária. CEOs de organizações desse porte costumam gerenciar recursos maiores do que o PIB de dezenas de países. Não seria, portanto, estranho que pessoas assim pegassem um ônibus ou um avião de carreira para tratar de negócios importantes com o governo do mais poderoso país do planeta? Sim, mas nesses momentos a racionalidade dá lugar às paixões. A opinião pública queria vê-los humildes, cabisbaixos, pedindo desculpas, e não voando por aí em jatos corporativos...

O importante em momentos de crise é passar uma mensagem transparente, compreensível a quem se destina e que pareça honesta. Tanto para o cafezinho como para o jatinho, a força da imagem e do exemplo é poderosa. Também dentro da empresa é fundamental que todos estejam bem informados da situação que estão atravessando. Do vice-presidente ao porteiro, cada um tem de saber o que é esperado deles, o que fazer e o que cobrar de seus subordinados. A comunicação interna e externa é fundamental, tornando-se ainda mais vital nesse momento. Essa é uma forma de fazer com que o trabalho de todos seja coordenado, objetivo e homogêneo. E caberá a você, líder, essa tarefa.

Principais tópicos do capítulo 10

•➡ Como acontece nos acidentes com aviões, o que provoca a queda das empresas nunca é uma causa única, mas uma série de fatores

- Ter credibilidade no mercado é essencial para negociar nos momentos difíceis e recuperar os negócios quando a tempestade acalmar

- Não conseguir honrar os compromissos não é o fim do mundo. Nosso sistema jurídico ainda trata os devedores com benevolência

- Há um universo de saídas para a crise muito maior do que cortar despesas internas e demitir colaboradores

- Mostrar para o público interno e externo que você tem uma política de austeridade é tão fundamental quanto ter a política de austeridade propriamente dita

Capítulo 11

Você merece um milhão de votos de confiança

Por quê? Ora, porque você está naquele grupo restritíssimo de profissionais que conseguirá achar soluções para superar as dificuldades e tirar sua empresa de uma crise. Nunca vi uma estatística sobre o percentual de líderes empresariais que superam com sucesso os desafios de uma conjuntura desfavorável. Mas meus 26 anos como executivo e empresário me fazem acreditar que eles não passam de um em cada dez dirigentes empresariais. É bem pouco, como se vê. E você — empresário, dono ou gestor —, estando entre eles, merece um milhão de votos de confiança.

Nesse caso, por que tão pouca gente assim consegue de fato sucesso na direção de uma companhia? Eles não são, pelo menos em tese, o que há de melhor nas empresas? São vários os fatores, sem dúvida, mas um se sobressai entre eles: a comodidade, o desejo de manter-se na zona de conforto, a resistência em mudar. Enfim, a preguiça de deixar de lado a solução mais fácil e garimpar outras possibilidades com os amigos, na internet, na literatura disponível nas universidades, o medo de aceitar desafios...

E a verdade é que todos nós, nem que tenha sido por uma única vez, já empurramos alguma solução com a barriga e não dedicamos a ela a atenção ou a vivacidade que seria necessária. Eu me dei mal, ainda em época recente, em um negócio que era promissor. Por pura comodidade ou excesso de lealdade a um relacionamento, não atentei a outras possibilidades que estavam estendidas à minha frente, uma falta total de pragmatismo.

A fabricante de computadores K passava por uma reformulação estratégica. Ela previa a possibilidade de perder dinheiro e tinha urgência em buscar maior escala em seu negócio: ou crescia, sem assumir riscos demais, ou encerraria suas atividades em pouco tempo, tendo ainda de arcar com os prejuízos do encerramento. Precisava de uma parceria na área industrial e de logística. Eu tinha contatos que lhe permitiria chegar a uma boa solução. Assim, assessorei esse grupo e coordenei sua apresentação a outro fabricante de computadores, a M, que acabava de inaugurar sua segunda fábrica no país.

Várias reuniões foram feitas, mas K e M tinham interesses mercadológicos similares e conflitantes, eram por demais concorrentes para conseguir fechar algum acordo comum. A negociação começou a perder força, mas, por alguma razão, nenhum sinal de alarme soou em minha cabeça. Enquanto eu insistia nessa possibilidade, um evento fortuito para a K interveio. Seus dirigentes encontraram-se com os diretores de outra fábrica de grande porte numa feira no exterior. Tratava-se também de um concorrente, mas que comercializava seus produtos em outras redes varejistas, o que fazia com que os interesses de ambos fossem complementares.

A K, amadurecida com a negociação anterior, negociou rápido uma saída benéfica para ambos os fabricantes. Aliás, foi uma ótima solução: a empresa procurada por K iria ganhar espaço em um novo canal varejista em que ela não conseguia se estabelecer, enquanto K adquiriria o *know-how* e a alavancagem necessários para deslanchar sua produção. Uma ideia ótima, mas que não foi minha. Não participei dessa negociação por ter me mantido excessivamente atado a uma única possibilidade. Não busquei "olhar do lado de fora da floresta". Se tivesse feito isso, veria que outras opções estavam ali, aguardando para serem "fisgadas".

A solução dada pelo mercado pode não ser a sua

Os dois saíram lucrando, enquanto eu perdi a possibilidade de colher qualquer fruto dos seis meses de assessoria, até então gratuita, que vinha prestando. A ideia da associação dos dois era natural, quase óbvia, mas eu deixei de enxergá-la, por excesso de apego aos valores existentes. Faltou criatividade e desprendimento de minha parte. Não consegui pensar "fora da caixa". Um líder de sucesso tem de estar atento a outras oportunidades, ter uma visão de 360° do negócio, e não focar apenas uma solução, como fiz.

Por excesso de zelo, já que eu conhecia todas as pessoas envolvidas, não sugeri a empresa com a qual a K acabou se acertando. Temos aqui uma preciosa lição: a solução do mercado não necessariamente é a melhor para seus negócios, para seus interesses. Às vezes, as soluções são simples, e estão prontas e próximas. Cabe a você entendê-las.

Riscos são características inerentes ao mercado e ao negócio. Não há a possibilidade de estar à frente de uma companhia e não correr perigo. É muito difícil não ter o dissabor de eventualmente perder uma parada. Quem não está familiarizado com a dinâmica da concorrência empresarial talvez tenha uma visão romantizada sobre como as coisas acontecem. Não digo que exista uma guerra sem quartel, um vale-tudo sem nenhuma ética, uma sede de sangue e de morte na luta entre as organizações. Mas concorrer, como a raiz latina da palavra diz, é correr junto em busca de um mesmo objetivo ou prêmio. Algumas vezes na reta final só há espaço para um. Vence a corrida quem for mais focado e dedicado.

Voar sem tirar os pés do chão

Você precisa, portanto, de envolvimento e dedicação em seu trabalho, pensar em profundidade no que pode fazer. É necessário criar e divulgar seus produtos para repassar a crise para a concorrência. Sempre digo e repito que os melhores líderes são aqueles que conseguem encontrar o sutil equilíbrio entre ter ideias que façam a empresa voar e manter os pés no chão. Pondere sempre antes de implantar ações excessivamente inovadoras, nunca antes realizadas.

Contemple os riscos embutidos e tome cuidado. Vale a pena lançar-se no espaço naquele momento e daquela forma? Uma promoção de vendas, por exemplo. Ela pode ser ousada, quase camicase. Sem problemas quanto a isso; no entanto, ela deve ter uma meta clara, começo, meio e fim. Se os resultados não forem tão bons quanto se esperava, a ação estará pelo menos sob controle e não irá comprometer todo o seu negócio. Seja criativo conhecendo os perigos e limites de sua invenção e, sobretudo, quanto você está disposto a perder.

Sempre que ouço falar de direção defensiva me lembro de que seu conceito central se aplica com perfeição ao mundo dos negócios. Um bom motorista defensivo é, por princípio, um pessimista. Considera sempre que o pior e o inesperado vão surgir a sua frente. Aquela criança que está na calçada segurando a mão da mãe irá soltar-se e atravessar a rua correndo; o ônibus na avenida deserta brecará sem nenhuma razão; o caminhão que segue devagar atrás de uma carreta entrará para a pista da esquerda para a ultrapassagem exatamente quando você estiver passando. Mesmo com essa mente sintonizada em coisas ameaçadoras, o motorista defensivo acelera e segue adiante, determinado. É assim que se deve dirigir uma empresa. E não sou só eu quem pensa assim.

Certa vez, numa palestra no exterior, uma consultora de recursos humanos disse que avaliava os candidatos pedindo-lhes que a levassem para dar uma volta de carro nas vias expressas de Los Angeles. É que existem aqueles que praticam a "direção ofensiva"...

"Bem, eu preciso desovar esses produtos, a taxa de vendas está baixa, tenho de livrar-me deles", você diz. "Na pior das hipóteses, vou vender com prejuízo." É claro, não é bem isso o que um líder empresarial gostaria de dizer, mas a vida é assim mesmo. Há várias possibilidades de colocar fim num estoque excessivo. Exponha nos sites de venda, parcele ao máximo os pagamentos, dê descontos, estenda o prazo de recebimento. Não haverá lucro, mas o prejuízo poderá ser mantido dentro de limites estipulados.

Além de partir para uma solução de vendas, sua criatividade pode se materializar em outras ações. Um novo procedimento de produção, por exemplo. Estímulo aos funcionários, uma nova linha de produtos, barateamento dos custos de produção com o uso de componentes mais baratos... Seja a fórmula que for, tudo isso faz sentido, mas devem ser soluções tomadas de maneira consciente e equilibrada. Nada de pânico. Não se navega em um mar desconhecido sem uma bússola. Todavia, se você for obrigado a fazê-lo, lembre-se do motorista defensivo e tenha certeza de quais serão os riscos, pensando no pior quadro possível. Saiba quais serão os custos e calcule se o resultado final é positivo. Seja pessimista, conservador, mas não derrotista.

Troque seus chaveiros por caixas de papelão

Tempos de crise não são ideais para experimentações, e sim para realizações. Mas estas podem vir por vias pouco conhecidas do mundo empresarial. É dever do líder competente procurar as melhores opções para sanar as "ziquiziras" da empresa. Há remédios até mesmo para os males que parecem superar as esperanças de cura. Por exemplo, imagine que você comprou muitos milhares de chaveirinhos que acendem uma luz quando se aperta um botão, uma ótima ideia para iluminar a fechadura do carro à noite. Mas o público não achou nenhuma graça neles. Você tem agora 10 mil desses chaveiros estocados, pagando aluguel em um armazém. O que fazer? Talvez jogá-los no mar? Não, pois existe gente especializada em comprar micos como esses. Eles adquirem a mercadoria por seu preço histórico, o que permite a você contabilizar a venda, sem prejuízo contábil; porém, não lhe pagarão em dinheiro, e sim em créditos para compra de outros produtos.

Trata-se de um negócio absolutamente legal e financeiramente interessante. As agências de permuta, que ainda são raras no Brasil, mas bem conhecidas no exterior, podem pagar em dinheiro por sua mercadoria — nesse caso, com dramático deságio — ou trocá-la por mercadorias de terceiros. É a velha e milenar fórmula revisitada do escambo. Por exemplo, 5 mil monitores de vídeo podem ser negociados por quinhentas noites em um hotel de luxo. Uma montanha de 20 mil tapetes para *mouse* pode valer o mesmo que 5 mil caixas de papelão ou 10 mil impressões em uma gráfica.

Tudo isso tem valor para alguém. Monitores de vídeo, mesmo defasados tecnologicamente, são úteis para retaguarda de redes de supermercados ou serviços de telemarketing. Impressões em uma gráfica interessam a quem faz embalagens. Chaveiros que acendem são brindes de fim de ano. As empresas que fazem essas permutas aceitam até 80% do valor dessas negociações em mercadorias, o resto pode ser trocado por dinheiro.

O escambo, claro, tem suas limitações, mas em determinadas situações pode ser uma grande solução para uma companhia em dificuldades. Ele é citado aqui por ser uma forma relativamente ousada, "fora da caixa", de enfrentar desafios impostos por um mercado arredio. Repito: em momentos atípicos, é necessário ser criativo, conversar com novas pessoas, ler sobre o assunto de seu interesse. Mas, acima de tudo, você tem de adotar uma nova postura mental, estar receptivo, aberto para receber ideias frescas. E também reconhecer que, por mais que você tenha experiência, sempre existirá alguém capaz de ver o mundo com olhos diferentes dos seus.

Um esquema mental que sempre sigo quando tenho de tomar uma decisão é primeiro refletir sobre o problema que se colocou a minha frente. Muitas vezes, depois de uma análise fria, ele não parece tão grave assim, ou, ao contrário, descubro que sua solução vai exigir mais esforço do que eu havia pensado de início. Depois, tento definir o universo em que estou inserido, ou seja: com quem posso contar? Até onde os *stakeholders* (acionistas ou partes interessadas) aceitarão essas inovações? Com quem terei de negociar? Interesses serão contrariados? Até onde posso ir? Em seguida, tento ver com clareza quais serão meus principais riscos na empreitada e quais os ganhos que poderei obter.

Conheça quem está pior do que você

Essa é uma maneira de se organizar e se manter consciente das diversas pontas pelas quais a crise pode ser puxada e dominada. Em conjunto com sua equipe, acompanhe periodicamente o comportamento de outras empresas. Procure *cases* similares aos seus. As revistas de economia sempre trazem histórias de grupos em situações piores do que a sua. Elas poderão inspirá-lo a resolver seu problema ou, pelo menos, lhe dar algum consolo.

Se você se impressionou com a maneira como algum outro líder superou uma situação similar, ligue para ele e peça conselhos. Por que não? O máximo que pode acontecer é você receber uma negativa. E daí? Você é adulto, será capaz de superar essa rejeição. Porém, é muito mais provável que consiga a ajuda que pediu. Eu atenderia com o maior prazer alguém que me ligasse pedindo auxílio. Contudo, antes tentaria me assegurar da sinceridade de sua intenção.

Embora o mundo esteja cada vez mais agressivo e hostil, individualmente as pessoas costumam ser generosas. Há pouco tempo estava eu no Rio de Janeiro, em meu carro, e me perdi. Precisava ir à Barra da Tijuca. Parei em um farol e, de janela aberta, ousei pedir orientação para um motoboy. Ele me disse para segui-lo. Percebi que saiu de seu trajeto por vários quarteirões para levar-me até meu destino, e se despediu, sem pedir nenhuma recompensa, pelo simples prazer de ajudar um paulistano. Você seguiria um desconhecido numa cidade como São Paulo ou Rio?

Temos de ter menos preconceito, menos orgulho e o desejo sincero de colaborar. Na dificuldade, não há hora para o preconceito e para o orgulho. Ouça novas ideias, em especial se você já esgotou seu repertório e precisa de soluções de choque. Tenha os ouvidos atentos e boa vontade. Claro, também não é o momento de ser ingênuo. É necessário ouvir, mas nem todos são tão confiáveis assim ou têm a formação pessoal ou técnica adequada para auxiliá-lo em suas dificuldades. Mantenha o foco fechado em seu trabalho, mas a mente aberta para todas as sugestões que surgirem.

No final, tudo depende do cenário

Não sou muito organizado com as pequenas coisas, mas, como um bom virginiano, sei onde estão as pastas e lido bem com os pontos que considero relevantes. É uma falha que, tenho esperanças, ainda vou superar. A pessoa tem de ter disciplina, organizar informações, saber o que é importante e o que não é, fazer diariamente seu *follow-up*. Organizar e planejar permite ao executivo traçar cenários. Se tiver sorte, um deles acaba por tornar-se realidade, e aí fica mais fácil adequar a companhia às exigências daquela conjuntura.

Principais tópicos do capítulo 11

- O maior obstáculo à realização de bons negócios está em você mesmo

- O equilíbrio entre ser criativo e respeitar os espíritos conservadores é sutil, mas essencial

- Há soluções para sair da crise de que talvez você nunca tenha ouvido falar. Mantenha a mente e os olhos abertos

- Se você souber de algum empresário que teve uma boa ideia para superar dificuldades parecidas com a sua, ligue e peça conselhos

- Seja organizado, completamente organizado. Se tem dificuldades em se organizar, contrate alguém para colocar sua vida em ordem

Capítulo 12

FUJA DESSES ERROS

As pessoas anseiam por um líder e precisam dele. Alguém que esteja à frente da empresa e lhes indique um bom caminho para sair do período de dificuldades que estão atravessando. Um guia que lhes passe segurança e seja capaz de apontar soluções em um período em que tudo parece insolúvel. A insegurança, as dúvidas e os desafios impostos pela crise costumam induzir os indivíduos a erros de julgamento e mesmo ao pânico. Impedir isso é seu papel. Para se sentirem protegidos, os liderados querem alguém com uma liderança firme.

Decerto eles conhecem o velho ditado: cachorro que tem dois donos morre de fome. Assim, querem ver em você o líder incontestável. O único, a quem cabe a palavra final. Caberá a você superar as disputas internas, deixar bem entendidas as obrigações e as responsabilidades de todos os envolvidos e cobrar os resultados, e além de assumir suas responsabilidades e as consequências de suas determinações.

Dizer que é necessário que você assuma as próprias decisões e responsabilidades parece algo tão velho quanto andar para a frente. Mas isso não significa que será o super-homem onisciente capaz de ter todas as respostas. Muita coisa pode ser delegada, e muitas decisões, tomadas de maneira colegiada. Eleja seus guerreiros da tormenta, aqueles que o acompanharão no processo de recuperação da companhia, mas não deixe de ouvir outras opiniões. Aquele operário antigo, que está lá no fim da linha de montagem, pode ter uma sugestão que economiza dois centavos para cada peça montada. No final do dia, cada dois centavos podem somar uma redução de 200 mil reais. Em resumo, coloque seus olhos e ouvidos a serviço do negócio, e não se esqueça de que todos os outros olhos e ouvidos estarão focados em você, observando seu desempenho.

Em períodos mais amenos, a empresa dá a impressão de que "anda sozinha", sem a necessidade da vigilância de perto pelo "olho do dono". Mas quando a volatilidade está presente, isso muda radicalmente. A antiga rotina não existe mais, o piloto automático se desconecta, e serão o líder e seus imediatos que deverão conduzir a empresa na mão. Nesse momento, as ordens devem ser claras. Decisões que soam dúbias, contraordens ou demora em decidir criam confusão e geram insegurança.

Politicagem? Só nos tempos de calmaria

Mas, acima de tudo, você tem de estar mergulhado até a medula na gestão empresarial. Não é um período em que poderá se dar ao luxo de pensar em politicagem ou a se dedicar a alguma atividade paralela à gestão empresarial. Um conhecido meu, Mr. JR, incorreu nesse erro. Dono de uma franquia de uma antiga e poderosa companhia de logística com alcance nacional e internacional, JR se encantou com a presidência da associação que congregava os demais franqueados. Aos poucos, passou a dar mais importância às reuniões e às negociações em Brasília do que ao próprio negócio.

Sua alienação chegou a um ponto tão absurdo que ele perdeu o contrato de enorme importância com a subsidiária brasileira de grande fabricante mundial de eletrônicos. Eu tinha um ótimo contato com a direção da filial brasileira, que me pediu indicação de um fornecedor de logística. Um negócio caído do céu para JR, que começava a enfrentar tempos de estagnação na empresa. Liguei e passei os contatos. Dias depois, desejei saber como havia sido a reunião.

— Ah, dei uma ligada para eles e fiquei de passar lá depois — respondeu-me ele. E tinha esquecido de dar continuidade.

— Mas, JR, o que é isso? Um negócio desses e você ficou de passar lá depois? Assim não dá.

Realmente fiquei perplexo, pois JR se esquecera de dar continuidade devido a outras questões que ocupavam sua cabeça.

Era um típico caso de perda de foco. JR deixou o comando do dia a dia da organização e foi para o tapetão dos gabinetes oficiais. Ele, o dono, é quem deveria tirar o traseiro da poltrona e de perto do ar-condicionado para colocar os pés na rua e prospectar novos clientes, além de dar atenção aos existentes. Com sua atitude, perdeu uma oportunidade que dificilmente voltará a bater em sua porta. Como era ele o proprietário, poderia levar a empresa até o precipício sem que ninguém o tirasse do cargo. Ou melhor, ele acabaria sendo demitido pelo mercado. Mas se você é líder empresarial e presta contas ao conselho de administração ou aos *stakeholders*, é melhor não contar com nenhuma benevolência caso cometa um equívoco parecido.

A vaidade é um animal perigoso

O mundo empresarial daria um bom enredo para um daqueles documentários da *National Geographic*. Hoje, você pode pensar que está no alto da cadeia alimentar, mas basta desviar o olhar por um instante que seja de seu objetivo e se transformará na presa de uma alcateia de concorrentes. E o lobo pode estar espreitando da sala ao lado da sua. Nesse momento, surgem oportunistas que criticam suas atitudes e podem aproveitar para tentar diminuir seu poder e prestígio. Como se precaver contra isso? Há uma única resposta: não pense a respeito, nem por um segundo.

Não se deixe dominar pela vaidade e pela tentação de tentar adivinhar nos olhos dos outros a quantas anda sua reputação. Isso é um sinal de insegurança facilmente detectado pelos demais. É certo que, se não tomar a dianteira, alguém vai se aproximar para ocupar o vazio de poder e você deixará de ser o líder. Mas se é uma pessoa competente, confie em seu trabalho.

Não fique parado. Precaver-se contra as críticas é trabalhar. É necessário muita autoconfiança e dedicação. Traga novas propostas. Acate sugestões e opiniões e, principalmente, assim que for consolidada uma decisão conjunta, junte-se a ela. Não sabote o que foi acordado apenas para confirmar seu eventual prestígio. A vaidade é um inimigo insidioso. Concentre-se nisso: estão todos na mesma selva. Se você acertar, todo mundo acerta junto. Se você errar, o erro será de todos, não haverá culpados para serem apontados.

Quem se finge de morto está morto

Considerando que você continua se empenhando com afinco no trabalho de gerir a empresa nesses tempos de dificuldade, mas seu braço

Sucesso é... superar encrencas!

direito na direção não vem correspondendo às necessidades atuais, não cometa o erro de tentar mantê-lo a qualquer custo. Lembre-se de que os lobos ainda rondam por ali. Nessa hora você não pode se permitir deixar um flanco desguarnecido.

Ficar parado esperando a situação se resolver por si mesma é um convite ao desastre. Atitude de avestruz é bonito só para se ver na savana. Aposte no cenário que escolheu e não tente se precaver contra todos os riscos, isso é impossível. Você gastará energia, tempo e dinheiro e não conseguirá. Ter excesso de zelo para tentar evitar os solavancos empresariais é uma ilusão que pode levar à paralisia. Quem se finge de morto não está fingindo, está morto mesmo. Sem nunca perder a delicadeza e a ética, a companhia deve ser permanentemente reinventada, o que talvez exija medidas duras.

Se você sente que sua equipe não está preparada para melhorar a produtividade em todas as instâncias, chame especialistas que possam analisar com precisão o que deve ser melhorado em sua empresa, deixe seu pessoal ser ensinado. Para implantação de uma rede interna mais eficiente, não compre um servidor de maior capacidade, contrate uma empresa de TI. Se a necessidade é melhorar a segurança na fábrica, para que instalar uma câmera de segurança? Contrate um serviço de segurança. Esse é o papel do líder, utilizar sua intuição, valer-se da memória de outros casos de sucesso, colocar na mesa sua experiência, fugir do óbvio. Mas sempre com juízo e pragmatismo.

Seja um bom analista, tente não errar na contratação de seus comandados. Deixe o puxa-saquismo de lado e busque os talentos e as competências. Eles existem. Não cometa o erro de trazer algum teórico, sem conhecimentos práticos. A experiência é muito importante nos momentos de crise.

Entreviste com cuidado os candidatos a um cargo-chave na companhia. Atente para detalhes. A leitura, por exemplo. O que você poderá esperar de alguém que só lê a seção de esportes dos jornais? Sem dúvida alguém que saiba inglês e acompanhe o noticiário em revistas e sites internacionais poderá trazer informações de muito melhor qualidade para você. Grandes organizações podem contratar funcionários mais bem preparados, vindos das melhores faculdades, que passaram por cursos em outros países. São profissionais mais caros, mas sempre é possível encontrar um deles.

116

Uma turbulência, em especial, é a melhor hora para identificar e reter talentos. A visão populista defende que todas as funções são importantes e essenciais para a empresa. Não acredite nisso. O talento é que faz a diferença. Não dá para chegar ao ponto mais alto do pódio comendo só arroz e feijão. No entanto, atenção: quando a conjuntura econômica é desfavorável, não é hora de tentar reinventar a roda. Não é sábio querer subverter a ordem natural das leis de mercado quando os acontecimentos parecem se desenvolver sem nenhuma previsibilidade. Cometer esse equívoco pode fazer com que se perca totalmente o controle dos negócios, com resultados funestos, como no fato narrado a seguir.

A dança das salsichas

Quem acompanha o noticiário vai se lembrar de uma surpreendente reviravolta que se deu na disputa entre dois gigantes brasileiros do ramo de alimentos. Durante muito tempo, a empresa S foi muito maior em produção e faturamento do que a concorrente, a companhia P. O grupo S chegou a tentar, muitas vezes de maneira agressiva, a compra de P. Impulsionadas por um mercado nacional e internacional comprador, as duas cresciam, mas com uma grande diferença entre si. Enquanto os executivos de P colocavam o foco na produção e na logística propriamente ditas, investindo em produtividade, pontos de venda, marketing e demais quesitos clássicos do negócio, os executivos de S apostavam uma parte alarmante de suas fichas no mercado financeiro. Era uma escolha arriscada e absolutamente fora da cartilha clássica do gerenciamento de negócios.

Em outras palavras, enquanto P conquistava porções cada vez maiores do mercado vendendo salsichas, frangos congelados e presunto, S percebia parte substancial de seus lucros de investimentos financeiros arriscados, que tinham sua essência na aposta no comportamento futuro do dólar. Alguns analistas garantem que o lucro operacional de S — aquele originário do negócio propriamente dito — chegava apenas a 57% do lucro total da empresa. Os 43% restantes vinham da especulação financeira. É fato que nas demais grandes empresas de capital aberto nacionais as receitas financeiras alcançavam no máximo 18% do lucro total registrado.

Todos sabiam que era só uma questão de tempo para aquele esquema cair na lama. Para resumir: chegou uma crise, o mercado financeiro evaporou e a gigantesca S, da noite para o dia, deixou de ser uma organização sadia e foi para o matadouro. Foi P que a salvou da morte inglória, a outrora minimizada concorrente, que comprou seus ativos, responsabilizou-se por suas dívidas e tornou-se a maior processadora de alimentos do planeta.

À empresa S restou passar para a história como uma mostra de que, mesmo em um empreendimento com mais de seis décadas de respeitada tradição, os erros de julgamento e de estratégia podem ser letais, quando o rompimento com as leis básicas do funcionamento do negócio se dá de forma contínua e radical.

Ouviram-se em entrevistas alguns *stakeholders* tentando responsabilizar o diretor ou o gerente financeiro pelo imbróglio. Como uma operação como essa, sustentada por vários anos seguidos, poderia ser ignorada por alguém? No primeiro tremor proporcionado por uma forte conturbação, todos foram soterrados pelo cataclismo. Só restou mesmo a lamentação.

Se você for bom, o mercado vai saber

Não há como passar sem vítimas por um período de recuo da economia. Mas o que se vê não são só ruínas e terra arrasada nesses tempos. Para quem tem talento, qualquer momento é bom para conquistar melhores colocações no mercado. É claro, em períodos como esses as melhores colocações ficam mais difíceis e serão sempre mais disputadas. Porém, não caia no erro de escolher ir para o banco dos reservas e ver o jogo correr. Na estabilidade ou na turbulência, o profissional executivo tem de estar sempre acessível para novas possibilidades. E, acima de tudo, o bom profissional deve deixar claro para o mercado que está aberto a analisar oportunidades.

Se você tem compromissos familiares complexos, dívidas importantes ou está sem nenhuma reserva monetária, talvez seja melhor preservar seu emprego e esperar o *tsunami* virar espuma. Isso não significa, entenda bem, esconder-se atrás de sua divisória. Ao contrário, essa é a hora de se empenhar ainda mais, ser melhor do que no ano anterior, ser notado. Se você for bom, o mercado virá buscá-lo, já que em época de desafios os profissionais competentes têm seu valor aumentado.

De novo, o mercado tem de saber que você está disposto a ouvir propostas. É preciso gravar isso no fundo da mente; sua postura deve ser tal que mostre que você não quer ficar em sua zona de conforto e que está pronto a considerar desafios. Sua obrigação é servir com lealdade a seu atual patrão e trazer os melhores resultados para ele. Todavia, não há nada de errado em mostrar para quem quiser ver que você tem o que oferecer e negociar. Sua moeda de troca é seu trabalho, sua competência e integridade.

Olhe para o topo. É ali que estão as pessoas qualificadas. Se você é brilhante, suas chances de chegar lá são reais. "Estou aqui para trabalhar para você" é o que deve transparecer. O mercado apreciará a sua autoconfiança e acreditará em você, se entender que ela está lastreada em um valor real. Mostre-se apto a aceitar os bons desafios e as propostas virão.

Principais tópicos do capítulo 12

- ➡ As pessoas precisam de um líder inconteste nos tempos de crise. Assuma esse papel, mas não deixe de ouvir os outros

- ➡ Ponha de lado a vaidade. Quem deve falar bem a seu respeito são os resultados de sua gestão, e não você mesmo

- ➡ Não há como ficar quieto e esperar a crise passar sozinha. Aja e seja criativo, mas com juízo

- ➡ Eis um convite ao desastre: perder o foco do negócio e dedicar-se a atividades que não trarão resultados imediatos

- ➡ Não há soluções milagrosas para garantir o lucro. O que faz uma empresa sobreviver é o valor dos produtos que produz

- ➡ Mesmo em tempos difíceis, sua estrela pode brilhar no mercado. Esteja sempre aberto a novas propostas

Conclusão

A RECEITA PARA O SUCESSO ESTÁ AO ALCANCE DE TODOS

A natureza corporativa costuma se comportar como a Mãe Natureza. Ela conduz com sabedoria, passo a passo, as carreiras, traça os rumos corporativos, seleciona os melhores e derruba os menos aptos e inescrupulosos. Gera sucessos e fracassos. Nela, surgem todas as formas de vida executivas ou empresariais. Há as que enfrentam desafios e são recompensadas pela dedicação e inteligência. Outras chegam ao topo das empresas, fazem sucesso, dominam o mercado, mudam a história e constroem fortunas, por terem, além da competência, a sorte de estar no lugar e na hora certos. Também há aquelas que encontram um nicho ecológico confortável que lhes parece imutável. Ali se acomodam, engordam, perdem a agilidade e a capacidade de reação. Quando surge uma drástica mudança ambiental, não conseguem se adaptar e se extinguem.

Minha intenção neste livro foi mostrar exemplos dessa fauna, que povoa o mundo corporativo, os diferentes estilos de comportamento que adotam nas savanas e selvas do mercado de trabalho. E, a partir de sua análise, relembrar as verdades mais permanentes e eficientes para transitar nesse mundo desafiador, sobretudo quando ele atravessa momentos críticos.

Sinto-me privilegiado pela oportunidade de ter passado, ao longo de meus 26 anos de atuação profissional, por riquíssimas experiências como gestor e empreendedor. As vitórias e agruras que vivi ou presenciei me deram a certeza de que é possível sobreviver com sucesso nessas savanas e selvas, adotando princípios corretos de conduta que nos livram de cair nas tantas tentações do dia a dia.

São atitudes simples, como a lealdade aos sócios e parceiros de negócios. A transparência para com os subordinados. A cordialidade e a ética que nos permitem construir um eficiente *networking*, peça fundamental para transitar pelo mundo corporativo. Talvez para a maioria das pessoas esses conselhos pareçam ingênuos, da boca para fora. Mas não é assim que vejo. De novo, em minha vida empresarial, foram esses os valores que me garantiram enfrentar todos os desafios colocados, nos momentos mais difíceis e nos de celebração.

Hoje, não sou mais o poderoso presidente de uma importante multinacional, com trânsito fácil nos bastidores. Entretanto, sou um empresário, com controle de meu próprio destino, com minhas próprias conquistas e umas tantas histórias de insucesso, que me tornaram uma pessoa mais madura e, sem dúvida, melhor. Fiz minha escolha; não me faltam contatos e convites para participar de bons negócios ou voltar à vida executiva. Mesmo os erros cometidos, dos quais não escapei, não comprometeram minha credibilidade no mercado; das épocas de dificuldades, foram poucos os parceiros com quem já fiz negócios que se afastaram. Felizmente, já foram substituídos.

Pensando bem, é mais do que isso. Hoje me sinto um ser humano mais completo em muito mais aspectos de minha vida, graças aos aprendizados conquistados nas crises pelas quais passei. Tenho mais controle de meu próprio destino. Muito mais do que aqueles interessados em desenvolver negócios, tenho novos amigos que preferem fazer negócios de forma mais madura e pragmática. Aprendidas essas lições, sou mais confiante em selecionar as oportunidades sem me precipitar. Hoje, separo com precisão as pessoas com quem quero ou não me relacionar, descartando as chances e os personagens dos quais minha intuição e a prática me aconselham a me afastar.

Os responsáveis por isso têm sido os pilares que procuro nunca relegar: ética, cordialidade, pragmatismo e objetividade. Valores que estão ao alcance de qualquer um de nós.

Prezado(a) leitor(a),

Eis aqui as principais ideias do livro condensadas neste guia.

A proposta dele é que seja o seu material para consultas futuras, de modo que possa rapidamente relembrar tudo que leu.

Um abraço,

Wang

Você merece um milhão de votos de confiança!

As crises estão por toda parte, afetando todo o planeta ou apenas se instalando em sua mesa de trabalho. Não há como fugir delas.

Mas isso é muito bom. Não existe hora melhor para crescer do que aquela em que você é desafiado profissionalmente!

Guia de consulta rápida
Capítulo 1

CRISES SÃO NATURAIS. BASTA ESTAR VIVO PARA PASSAR POR ELAS

Sem os conflitos, nós não conseguimos crescer

A turbulência sempre antecedeu fases de crescimento e de importantes transformações tecnológicas, políticas e comportamentais. Se acreditarmos realmente que ela pode nos tornar profissionais melhores, aumentar nossa experiência e nos valorizar no mercado de trabalho, não haverá por que termos uma postura derrotista diante dela. As adversidades são inevitáveis e, mais do que isso, essenciais para nosso aprendizado, crescimento e amadurecimento.

A ruptura de equilíbrio é momento de mudança. Nada será como antes

A crise é o momento em que devemos aperfeiçoar nossa capacidade de tomar decisões acertadas, esteja ela afetando toda a economia, seu ramo ou sua empresa em particular. Não é hora de entrar em pânico e colocar em prática a primeira ideia que lhe ocorrer. Mas também não temos todo o tempo do mundo. Nosso índice de acertos está diretamente relacionado ao fato de termos desenvolvido, nos períodos mais tranquilos, boas práticas de gestão.

Mas os alicerces do passado serão muito úteis no futuro

É preciso ter cultivado valores morais firmes sobre os quais se apoiar. Às vezes, a tentação de deixar a ética de lado e enveredar por caminhos obscuros na hora do vale-tudo para se salvar durante as dificuldades é grande, mas o preço pode ser alto demais. A dificuldade será superada, a vida voltará ao normal, mas o mercado não vai se esquecer daqueles que tiveram um comportamento desonesto. Não traia seus valores, por mais confuso que o cenário possa se mostrar.

Não é hora de relaxar

Você terá de dedicar todas as energias a entender o momento que está atravessando, prever o que deve acontecer e escolher seus parceiros de jornada para tomar a decisão acertada no momento preciso. Muita gente acredita que o excesso de trabalho é prejudicial e termina por afetar a qualidade do que é feito. Isso vale para tempos de normalidade. Nos períodos extraordinários, temos de viver de forma extraordinária.

Durante as crises, a velocidade do giro do dinheiro cai

Existem adversidades imensas que nos atingem de forma leve e pequenos acontecimentos que nos trazem impactos enormes. Todavia, os momentos chamados de *crise econômica* têm um fator em comum: o dinheiro faz "puf!!!" e desaparece. Quem tem liquidez demora para tomar a decisão de utilizar seus recursos. Na outra ponta, quem precisa de dinheiro é premido a tomar decisões rapidamente. Nessa hora, a tentação é colocar em prática a primeira ideia que vier à cabeça. Cuidado! A chance de falhar é muito grande.

Guia de consulta rápida
Capítulo 2

VOCÊ E AS OPORTUNIDADES

**Durante as crises, todas as atitudes são observadas
com redobrada atenção**

Tudo o que você fizer estará sendo analisado e todos os seus movimentos terão maior repercussão do que em tempos "normais". Se você se sair bem, seus méritos surgirão multiplicados. Se não se sair tão bem assim, suas falhas serão apontadas de uma maneira exagerada. Portanto, seja duas vezes mais cuidadoso do que costuma ser nas atividades cotidianas. Releia o relatório antes de encaminhá-lo ao conselho. Cheque novamente se as contas estão batendo.

Não vacile; crise é um bom argumento para demissões

Épocas turbulentas são uma excelente desculpa para demissões e votos de desconfiança. Se você andou notando alguns cenhos franzidos no ambiente de trabalho, vem tendo problemas com os sócios ou com a presidência da companhia, as chances que terá para se redimir serão menores. Assim, redobre seu empenho para mostrar seu interesse e fidelidade à organização. Não esqueça: dedicação e comprometimento são dois dos requisitos fundamentais para atravessar e superar tempos tormentosos.

Aproveite e ocupe os espaços criados pela turbulência

No processo de construção dos novos modelos, muitas brechas se abrem dentro das organizações, o que oferece espaço para os profissionais talentosos. Se você se sentir confiante para preencher um vazio ou atender a uma demanda reprimida, essa é a hora. A história está cheia de exemplos de novas lideranças surgidas exatamente nos momentos conturbados.

Não assuma responsabilidades que não consegue cumprir

Antes de ocupar eventuais espaços vazios, avalie consigo mesmo se está preparado para fazê-lo. Se você se sentir inseguro, divida honestamente essa autoavaliação com quem o convidou. Existe outra condição na qual poderá aceitar uma missão, mesmo que não se sinta o mais indicado para tal: é quando não há mais ninguém para fazê-lo. De novo, avise os autores do convite de que talvez não seja a pessoa mais adequada, mas, na falta de outra, você se oferece para fazer o seu melhor.

Sentir medo é normal e saudável

Erros surgirão, mas esse é um sinal positivo, pois mostra que as mudanças estão ocorrendo. Portanto, não os tema, não os reprima, pois eles são construtivos e necessários. Diga isso para todos. É muito comum que aquele que viu sua própria sugestão ser derrotada comece a trabalhar para que a proposta vitoriosa não dê certo. Essa atitude não pode ser admitida de forma alguma, menos ainda num momento de dificuldades. Sabotagem merece ser punida com pena capital, ou seja, desligamento da companhia.

Guia de consulta rápida
Capítulo 3

A CRISE E SUA EQUIPE

Uma boa equipe é a melhor arma para enfrentar a crise

Se você for obrigado a escolher apenas uma arma para lutar contra a adversidade, escolha uma boa equipe. O momento conturbado é a época de estreitar laços, conversar mais, ouvir mais, fazer reuniões objetivas e produtivas. Com um time afinado, confiável, competente e disposto a seu lado, você poderá enfrentar qualquer desafio. É preciso saber selecionar pessoas; combinar e harmonizar a atuação delas; dar instrumentos e suporte adequado à equipe e, por fim, tirar o máximo de cada um.

Cuidado com os "ladrões" de plantão

Esse é o momento perfeito para você afastar aqueles que não estão rendendo o esperado. Indivíduos negativos, pessimistas, que sempre enxergam defeitos nos outros ou em suas ações são ladrões de sucesso. E não há organização que resista ao pessimismo, ao desestímulo e à descrença.

Não use a folha de pagamento para cortar custos; você pode estar dando um tiro no próprio pé

Se for necessário demitir para melhorar a equipe, não vacile. Porém, cuidado para não demitir bons profissionais, pois talvez esteja jogando fora a munição mais preciosa de que dispõe para superar o período de turbulência. É essencial que você preserve a memória corporativa, ou seja, a habilidade e a experiência acumuladas dos colaboradores. Se alguém competente estiver pesando demais no orçamento, tente antes de tudo renegociar. Em tempos difíceis, tudo pode e deve ser negociado.

Mas tenha coragem de demitir aqueles que não servem para continuar em sua empresa

Seja bem claro na conversa final. Não coloque, por comodidade, a culpa na crise, pois assim estará perdendo uma boa oportunidade de fazer o funcionário entender os motivos de sua decisão, e ainda estará plantando dentro dele a semente da revolta: "Por que eu fui demitido se a dificuldade é igual para todos?". Ao explicar as reais razões da demissão, aquele que foi desligado se sentirá menos mal e a decisão parecerá justa para o resto do grupo.

Guia de consulta rápida
Capítulo 4

A CRISE E SUA EMPRESA

Tome as rédeas de sua organização, controle ao máximo o que acontece e desenvolva instrumentos de medição confiáveis

Essa é a palavra mágica: controle, que você alcançará utilizando os relatórios técnico-administrativo-contábeis, que indicarão as decisões a tomar em um momento delicado. Não adianta ficar no "eu acho", é preciso decidir baseado no "eu sei", nos números dos relatórios e nas informações. Ter uma inteligência interna capaz de gerar informações confiáveis é de fundamental importância não apenas para auxiliar o gestor e sua equipe a tomar decisões como também para medir os efeitos das mudanças adotadas.

Você também tem de conhecer em profundidade o negócio e o mercado em que está atuando

A primeira coisa a ser feita é conhecer sua empresa profundamente. Se você vem de outra área, o segundo passo será entender como funciona o negócio em si e o mercado em que irá atuar. É necessário saber exatamente o que mais pesa em seu custo e quais são as principais variáveis que influenciam no resultado da companhia para administrar o remédio direto no ponto nevrálgico.

Agilidade é uma qualidade insubstituível em tempos complicados. Para ser ágil, a empresa tem de estar enxuta e eficiente

Nos períodos difíceis, o tempo se torna muito curto. Torna-se imprescindível, então, decidir e agir rápido. Para isso, uma organização precisa ter agilidade. Ela tem de estar "enxuta" e "redondinha". O que é uma empresa "enxuta"? É aquela que tem somente o de que necessita, nada mais, nada menos. E está "redondinha" — ou seja, eficiente — quando consegue funcionar com a melhor relação custo-benefício. Essas características lhe darão o jogo de cintura necessário para fazer frente aos desafios trazidos pela tempestade.

Ninguém consegue se livrar dos custos de produção, mas verifique se seus gastos estão na média do que é praticado no mercado

Ter à disposição relatórios gerenciais, operacionais e financeiros confiáveis permite ao gestor saber exatamente quanto gasta. É necessário ter um parâmetro que indique se esse gasto está alto demais, e esse parâmetro de comparação é o mercado. Quanto custa o transporte de seus funcionários? E o frete e o seguro de suas cargas? E as taxas bancárias?

A coisa apertou? Converse aberta e honestamente com seus credores

Saldar dívidas não é mais do que sua obrigação, mas em certas ocasiões pagar fornecedores, prestadores de serviço, funcionários, impostos etc. se mostra uma tarefa tão difícil de cumprir! Calote é uma opção que só existe no dicionário, por isso, se não tiver condições de arcar com suas obrigações, vá imediatamente procurar seus credores. Quanto antes eles souberem de suas dificuldades, melhores serão suas condições de lidar com a situação.

Guia de consulta rápida
Capítulo 5

IDENTIFIQUE SUA CRISE

Não se deixe envolver pelo pânico disseminado pela mídia

Sempre que surge uma crise, os meios de comunicação aproveitam para explorá-la sob todos os aspectos. E com muito exagero. Mas muitas vezes uma queda recorde da Bolsa de Londres ou a alta no preço do ouro em Hong Kong não necessariamente se refletirão em seu negócio. Você deve analisar e identificar que efeitos cada fato terá sobre sua empresa, para saber se esse distúrbio é seu ou não.

Fique sempre de olho em três indicadores importantes: desemprego, nível de confiança do consumidor e inadimplência.
São três bons termômetros do mercado de consumo

Se o desemprego começa a crescer, mais cedo ou mais tarde ele afetará seus negócios. Quanto mais próximo seu produto estiver do consumidor final, mais rápido virá o impacto. O nível de confiança do consumidor também é fundamental, pois indica a disposição das pessoas em gastar. O nível de inadimplência é outro ponto crucial; ele é uma bola de neve que sai arrastando tudo o que encontra pela frente.

Alguns setores afetam a economia como um todo e devem ser observados de perto: energia e combustível são os principais deles

Além da saúde financeira do consumidor final, existem outros setores que costumam afetar a todos. O primeiro deles é a energia. Todo mundo depende de eletricidade, em maior ou menor grau. O Brasil é um país que optou pelo transporte sobre rodas, movido a diesel. Por isso, toda atividade produtiva, em algum ponto de sua cadeia, vai depender de petróleo. Eletricidade e diesel em alta? Problemas na certa.

Os bancos gerenciam boa parte do dinheiro que circula no mercado, por isso também merecem muita atenção. Quando o setor financeiro tem problemas, quase todo mundo também tem

Existe um segmento cuja saúde — ou a falta dela — tem impacto sobre toda a economia: o setor financeiro. Queiramos ou não, todos dependem de crédito em algum ponto de sua cadeia. Mesmo que sua empresa, particularmente, tenha capital suficiente para bancar a própria operação, é certo que seus fornecedores e clientes irão depender de financiamento. Por isso, problemas no setor financeiro acabam por repercutir nas diferentes atividades.

Apesar do neoliberalismo, o governo ainda tem o poder de afetar os mercados, para o bem e para o mal. Nunca perca de vista o que o governo está fazendo, em suas diferentes esferas

Um tópico à parte é a questão das relações com o governo. Seja qual for seu ramo de atividade, ele é regulamentado por leis, decretos, portarias, códigos e outras normas criadas pelo poder público e aceitas pela sociedade. Qualquer pequena mudança nessa coleção de regras pode representar grandes abalos — para o bem ou para o mal — dentro de seu empreendimento. Por isso, não há como escapar: é imprescindível acompanhar com extrema atenção todos os passos do governo.

Guia de consulta rápida
Capítulo 6

TER INFORMAÇÃO É FUNDAMENTAL. MAS É PRECISO SEPARAR O QUE É VERDADE DO QUE NÃO É

Crises na economia nunca chegam da noite para o dia. Quem acompanha para valer o noticiário sabe que elas vêm vindo

Adversidades sempre dão pistas de que estão se formando. Foi assim com a bolha da internet, em 2001. E com a crise de crédito nos Estados Unidos, em 2007, que se aprofundaria em 2008. Quem vinha se mantendo bem informado desde os tempos da bonança, lendo jornais, revistas, acompanhando a internet e o noticiário nas tevês, precavendo-se, não foi pego de surpresa quando as dificuldades chegaram — o que não significa que tenham conseguido escapar ilesos dos problemas.

Avalie os jornalistas e analistas que mais acertam e confie em seus palpites

Leia o noticiário com um pé atrás. Há jornalistas e jornalistas. O ideal é acompanhar as opiniões, informações e previsões deles por algum tempo e anotar mentalmente quantas vezes elas são confirmadas pela realidade. Depois de escolher um jornalista em quem você confie, fique atento quando ele começar a falar dos primeiros sinais de perigo. Quanto mais cedo você pressentir a crise, mais tempo terá para preparar sua empresa para as épocas difíceis.

Reserve, religiosamente, uma parte do dia para se manter informado. Leia no carro, em casa, no almoço, no banheiro

Se seu negócio envolve, por exemplo, tecnologia, leia relatórios, pesquisas, estudos, dinâmicas de indústrias. A leitura deve ser tanto de temas genéricos quanto de assuntos específicos do negócio. Os jornais trazem as grandes manchetes, mas são as publicações setoriais que permitem um mergulho mais profundo nos desafios de sua área de atuação. Há empresas especializadas em fornecer *clippings*, com notícias específicas de diversos setores. Contrate esse serviço.

Não acredite em tudo o que está escrito. Faça sua pesquisa, tire sua própria conclusão

As informações, hoje, vêm de todos os lados. Muitas estão redondamente erradas, outras são puro lixo, sem a menor utilidade. É necessário ler muito, mas também investigar, filtrar, discutir e decidir quais informações têm relevância para você. Use o bom senso. Qual site é mais confiável? O da BBC, do jornal *O Estado de S. Paulo*, *O Globo*, da *Folha de S. Paulo* ou o da Wikipédia, uma enciclopédia eletrônica em que qualquer internauta pode escrever sobre qualquer assunto e da forma que lhe der na cabeça?

Em resumo: o noticiário é uma excelente arma para combater a crise, basta saber aproveitá-lo em seu benefício

Conquiste suas fontes de informação. Você receberá em retorno informações preciosíssimas. Relacionar-se com jornalistas que tenham bom trânsito pelos ministérios em Brasília é um trunfo importante. O Brasil, como já se sabe, é um país em que o governo tem uma grande presença na economia. Portanto, procure ter informações antecipadas e privilegiadas sobre as intenções e os movimentos do governo.

Guia de consulta rápida
Capítulo 7

SEM UM *NETWORKING* EFICAZ NINGUÉM VAI LONGE

Construir um *networking* exige muito tempo investido. É provável que você tenha de sacrificar uma parte de sua vida pessoal

Construir um *networking* eficaz demandará dedicação e sacrifício. A rede de relacionamentos trará informações, oportunidades, ajudas inesperadas e contatos fundamentais para seu negócio, mas exigirá que você abra mão de alguma coisa. E, em geral, é sua qualidade de vida, o tempo com a família ou com os filhos que tem de ser sacrificado. Vivemos num processo contínuo de escolhas e de definição de prioridades.

Uma rede de relacionamentos eficiente começa na infância, quando começamos a cultivar os primeiros amigos para toda a vida

Na rede de contatos cabem três tipos de relacionamentos: o *networking* sentimental, o *networking* de puro e simples interesse e o *networking* objetivo. A rede sentimental é natural e espontânea, pois todos nós precisamos da amizade e do apreço dos outros. Os contatos de interesse fazem com que as pessoas se aproximem pela perspectiva de obter vantagens mútuas. O *networking* objetivo é feito por aqueles que anotam quem apresentou o contato, os favores solicitados e os benefícios que foram propiciados.

Uma boa rede de relacionamentos tem de ser feita com os olhos nos olhos

Montar uma rede de contatos não é ficar mandando e-mails ou telefonar para as pessoas. Isso não funciona. Quem age assim e pensa que tem uma rede de relacionamentos estratégicos logo vai descobrir, em geral quando mais precisar dela, que, no final das contas, não tem muita gente com quem contar. O *networking* é uma construção, peça a peça, dia após dia, baseada em interesse recíproco, respeito e credibilidade.

Faça seus conhecidos sentirem que são sempre lembrados. Convide-os para almoçar, mesmo se não tiver muito assunto para conversar

Mesmo que você não tenha muito tempo ou que os assuntos em comum já estejam rareando, é fundamental marcar um almoço ou telefonar para perguntar como anda a vida de seus velhos amigos, descobrir outros interesses e afinidades em comum, mostrar-se disponível, caso eles necessitem de algo — mesmo que seja apenas um ombro amigo para desabafar.

"Emprestar" seu *networking* para alguém é sempre um momento delicado

Em algumas ocasiões, é inevitável, em uma rede de interesses, que você seja solicitado a usar seu *networking* pessoal para prestar serviços e favores para os amigos, ou amigos de seus amigos. E esse é sempre um momento delicado. Lembre-se de que sua rede de relacionamentos irá prestar os serviços solicitados porque confia *em você*. Em outras palavras, *você* está validando a seriedade desse indivíduo pouco conhecido. Por esse motivo, qualquer comportamento duvidoso poderá prejudicar sua imagem.

Guia de consulta rápida

Capítulo 8

OUÇA TODO MUNDO, MAS DECIDA SOZINHO

Tomar decisões dá um frio na barriga, mas não tenha medo de decidir; mais para a frente dá para corrigir o rumo

Muito mais do que ter coragem ou não temer correr riscos, a principal qualidade do líder é confiar em seu julgamento e na qualidade das informações recebidas de seus colaboradores. A decisão em última instância é sempre solitária.

Mesmo em uma grande empresa, uma equipe precisa de atenção e calor humano

As gestões de sucesso são exatamente as daqueles líderes que cuidam de um grande conglomerado como se fosse uma pequena companhia e a tratam com carinho e comprometimento diários. Além dos lucros e das perdas, uma organização de grande porte tem de se importar com seu patrimônio, com seus colaboradores, com seu papel social e com o meio ambiente. Ela também demanda atenção e calor humano.

Fique atento para a saúde emocional de seus colaboradores. Em um momento de crise, sua equipe terá necessidade total de equilíbrio mental e espiritual

Mesmo se você é quem, no final, toma as decisões mais críticas, são seus colaboradores que converterão em realidade as estratégias montadas para enfrentar os períodos de dificuldades. Nesse momento, é importante ter olho clínico, identificar quem fará diferença, quem está comprometido, quem tem competência e estrutura emocional para enfrentar o problema.

Faça uma autoanálise e descubra se você é mais empreendedor ou mais gestor

Em geral um bom empreendedor — um bom "iniciador de negócios" — não tem a disciplina ou a paciência necessária para se tornar um bom gestor. Sua principal característica profissional é o gosto em investir, tirar coisas do chapéu, confiar em sua intuição, surpreender o mercado. Por sua vez, um bom gestor financeiro tende a ser conservador, avesso a novidades, o que, obviamente, não lhe dará as qualidades necessárias para empreender. É preciso saber avaliar com precisão nossas qualidades e limitações.

Guia de consulta rápida
Capítulo 9

A HORA DA FAXINA

Nem mesmo o líder consegue se livrar da influência do ambiente de trabalho

Lidar com gente que desafia suas certezas e seus conhecimentos e que tem na bagagem experiências pessoais e profissionais significativas é extremamente gratificante. É algo que pode enriquecer muito seu próprio repertório e turbinar sua *performance* profissional. O contrário também é verdade. Passar muito tempo na companhia de indivíduos que têm grandes lacunas culturais e técnicas e uma visão tímida sobre o mundo empresarial pode levá-lo para baixo.

Adequar a empresa a tempos difíceis muitas vezes exige que se demitam ou troquem pessoas

No momento em que o quadro econômico e empresarial se torna mais áspero, é preciso potencializar todos os seus recursos e ativos. Reformar, enxugar, racionalizar são verbos que você terá de conjugar 24 horas por dia. Em tempos como esses, sua empresa não tem outra saída senão passar a ser mais produtiva, competitiva e lucrativa. E isso significa, quase sempre, fazer mudanças em seu quadro de funcionários e até demitir pessoal.

Se a solução é dispensar, faça isso com convicção. Gente despreparada pode ser fatal para os negócios

Como gestor, você tem de trabalhar com o cenário mensurável atual, que se acha diante de sua mesa, e não com um possível futuro. Seja realista, mantenha os pés no chão. No momento de conturbação é melhor ser conservador, pois os recursos estão raros, o mercado, menos comprador. Corte o que não é seguro, o que não é produtivo, arquive todo projeto que seja duvidoso em termos de resultados. Decisões equivocadas podem tornar a situação ainda pior.

Prepare-se profissionalmente para os tempos difíceis ainda na época de bonança. Quando um vendaval chegar, poderá ser tarde demais

Gente jovem disposta, cheia de energia e de ideias é necessária? É evidente que sim! Mas a experiência é algo que tem valor e só se adquire com o passar do tempo, após testes e mais testes. Portanto, os mais maduros é que têm experiência. Gênios da matemática aos 28 anos de idade costumam ser chamados para cargos-chave, principalmente nos fundos de investimento. Eles podem dominar a teoria de maneira inigualável, mas não têm a experiência de enxergar a malícia das pessoas e driblar os mal-intencionados. E em alguns momentos essa é a diferença entre os gênios e os obtusos.

Guia de consulta rápida
Capítulo 10

Você fez tudo direitinho, mas... onde está a solução?

**Como acontece nos acidentes com aviões,
o que provoca a queda das empresas nunca é
uma causa única, mas uma série de fatores**

A gestão empresarial não é um conjunto de eventos que tenha um começo, um meio e um fim, assim de uma maneira tão demarcada. É um processo contínuo, com dinamismo próprio, com idas e vindas, recuos e arrancadas, quedas e vitórias. Portanto, os que nela atuam terão de ter muita atenção e dedicação, capacidade de adaptação, tenacidade e sangue-frio.

**Ter credibilidade no mercado é essencial para negociar
nos momentos difíceis e recuperar os negócios quando a
tempestade acalmar**

Na hora da crise, o que importa são as atitudes. Tenha uma postura correta. Mantenha seus fornecedores e os credores informados de maneira transparente sobre a situação que você está atravessando. Diga com toda a clareza que, no momento, não tem como honrar seus compromissos. Chame todos para conversar. Não fuja e não minta. Não faça falsas promessas. Tampouco assuma compromissos impossíveis de serem cumpridos.

**Não conseguir honrar os compromissos não é o fim do
mundo. Nosso sistema jurídico ainda trata os devedores
com benevolência**

Mesmo um problema tão grave como não poder honrar os compromissos financeiros deve ser enfrentado com racionalidade, sem que isso signifique o fim do mundo. A justiça brasileira, mesmo em franca mutação, ainda é de certa forma benevolente, dando oportunidades e tempo a favor do devedor, para que ele se recupere ou volte a renegociar e repactuar com seus fornecedores.

Há um universo de saídas para a crise muito maior do que cortar despesas internas e demitir colaboradores

Se os remédios convencionais não deram certo, é chegada a hora de partir para uma terapia mais criativa, com mais inteligência e sutileza. Você já enxugou a folha de pagamento e a produtividade não aumentou? A solução pode não ser cortar, mas promover uma substituição estratégica de funcionários. A margem é insuficiente? A tecnologia pode oferecer-lhe uma solução. Talvez você possa baratear seus custos de produção substituindo componentes e fórmulas por outros mais econômicos.

Guia de consulta rápida
Capítulo 11

Você merece um milhão de votos de confiança

O maior obstáculo à realização de bons negócios está em você mesmo

Se você — empresário, dono ou gestor — se encontra naquele grupo restritíssimo de profissionais que conseguirá achar soluções para superar as dificuldades, merece um milhão de votos de confiança. Poucos conseguem conduzir uma companhia mais ou menos incólume em meio a uma tempestade. Isso acontece por vários fatores, mas alguns sobressaem entre eles: a comodidade, o desejo de manter-se na zona de conforto, a resistência em mudar, o medo de aceitar desafios...

O equilíbrio entre ser criativo e respeitar os espíritos conservadores é sutil, mas essencial

Os melhores líderes são aqueles que conseguem encontrar o sutil equilíbrio entre ter ideias que façam voar a empresa e manter, ao mesmo tempo, os pés no chão. Pense sempre antes de implantar ações excessivamente inovadoras. Contemple os riscos embutidos. Uma promoção de vendas pode ser ousada, quase camicase. No entanto, ela deve ter uma meta clara. Ter começo, meio e fim. Seja criativo, mas conhecendo os riscos e os limites de sua invenção e, acima de tudo, quanto você está disposto a perder.

Há soluções para sair da crise de que talvez você nunca tenha ouvido falar. Mantenha a mente e os olhos abertos

Tempos de turbulência não são ideais para experimentações, e sim para realizações, que podem chegar por vias pouco conhecidas do mundo empresarial. É dever do líder competente procurar as melhores opções para sanar as "ziquiziras" da companhia. Há remédios até mesmo para os males que parecem superar as esperanças de cura. Por exemplo, as agências de permuta – empresas especializadas em comercializar produtos encalhados que não lhe pagam em dinheiro, mas com créditos para compra de outros produtos.

Se você souber de algum empresário que teve uma boa ideia para superar dificuldades parecidas com as suas, ligue e peça conselhos

Se a maneira como algum outro líder superou uma situação similar à sua o impressionou, ligue para ele e peça conselhos. Por que não fazê-lo? O máximo que pode acontecer é você receber um não. E daí? Você é adulto, irá superar essa rejeição. Mas é muito mais provável que consiga o auxílio que pediu. Embora o mundo esteja cada vez mais agressivo e hostil, individualmente as pessoas costumam ser generosas.

Seja organizado, completamente organizado. Se você tem dificuldades em se organizar, contrate alguém para colocar sua vida em ordem

É necessário ter disciplina, organizar informações, saber o que é importante e o que não é, fazer diariamente seu *follow up*. Organizar e planejar permite ao executivo traçar cenários. Se tiver sorte, um deles acabará por se tornar realidade, e aí ficará mais fácil adequar a empresa às exigências daquela conjuntura.

Guia de consulta rápida
Capítulo 12

FUJA DESSES ERROS

As pessoas precisam de um líder inconteste nos tempos de crise. Assuma esse papel, mas não deixe de ouvir os outros

Em períodos mais amenos, a companhia dá a impressão de que "anda sozinha", sem a necessidade do "olho do dono". Mas quando a volatilidade está presente, a antiga rotina deixa de existir, o piloto automático se desconecta e cabe ao líder e a seus imediatos conduzir o negócio na mão. Nesse momento, os funcionários precisam de um líder. Alguém que esteja à frente da empresa e lhes indique um bom caminho para sair do período de dificuldades que estão atravessando.

Ponha de lado a vaidade. Quem deve falar bem a seu respeito são os resultados de sua gestão, e não você mesmo

Não se deixe dominar pela vaidade e pela tentação de procurar adivinhar nos olhos dos outros a que altura anda sua reputação. Isso é um sinal de insegurança facilmente detectado pelos demais. É certo que se não tomar a dianteira alguém se aproximará para ocupar o vazio de poder, e você deixará de ser o líder. Mas se é um indivíduo competente, confie em seu trabalho. Não sabote o que foi acordado apenas para confirmar seu eventual prestígio.

Não há como ficar quieto e esperar a crise passar sozinha. Aja e seja criativo, mas com juízo

Aposte no cenário que escolheu e não tente se precaver contra todos os riscos; isso será impossível. Você gastará energia, tempo e dinheiro e não conseguirá. Exceder-se nos cuidados para tentar evitar os solavancos empresariais é uma ilusão que poderá levar à paralisia. Quem se finge de morto não está fingindo, está morto mesmo. Sem nunca perder a delicadeza e a ética, a companhia deve ser reinventada, o que talvez exija medidas duras.

Eis um convite ao desastre: perder o foco do negócio e dedicar-se a atividades que não trarão resultados imediatos

Se você sente que sua equipe não está preparada para melhorar a produtividade em todas as instâncias, chame especialistas que possam analisar com precisão o que deve ser melhorado em sua organização e ponha sua equipe para aprender. Para implantação de uma rede interna mais eficiente, não compre um servidor de maior capacidade, contrate uma empresa de TI. Se a necessidade é melhorar a segurança na fábrica, para que instalar uma câmera de segurança? Contrate um serviço de segurança.

Mesmo em tempos difíceis, sua estrela pode brilhar no mercado. Esteja sempre aberto a novas propostas

Para quem tem talento, qualquer momento é bom para conquistar melhores empregos. É claro, em tempos difíceis as melhores colocações ficam mais raras e serão sempre mais disputadas. Na estabilidade ou na adversidade, porém, o profissional executivo tem de estar sempre acessível a novas possibilidades. E, sobretudo, o bom profissional deve deixar claro para o mercado que está aberto a analisar oportunidades.

Contato do autor:
wang@editoragente.com.br

Este livro foi impresso pela Arvato do Brasil Gráfica
em papel offset 75 g.